全本全注全译丛书

中华经典名著

陈晓芬　胡平生◎译注

论语
孝经

中华书局

目录

论语

论　语

前言

　　《论语》用言谈的原态方式记录了孔子的思想，成为我们了解和研究孔子思想最基本也是最可靠的文献。孔子是儒学的创立者，《论语》自然也是了解和研究儒学理论的重要文献。随着一代代学人的演绎发展，儒学理论不仅越来越丰富，而且还发生着重要演变，虽则如此，孔子的原创理论始终是儒学的主干，体现在《论语》中的思想特质也始终是儒学理论品貌的核心构成。历经漫长的封建时代，儒学作为社会主流思想，一方面在政治上产生了重要作用，另一方面也全面渗入各个领域，对我们的民族文化与民族精神发生了无可估量的影响。稍加检视即可看到，经长期积淀而形成的传统认识，包括人格目标、价值取向、思维方式、处世形态等各个范畴，儒学的印痕无处不在，而且，其影响的深入程度，是难以用简单的语言表述的。这说明，了解和研究儒学，不只是单纯的理论问题，还是一个关及全面审视和把握我们民族文化传统的问题。孔子曾被奉为至高无上的圣人，孔学相应地成为圭臬信条，孔子也曾被五四运动的浪潮所淹没，孔学遭到严厉抨击，在历史的长河中，孔学的命运数次起落，这种情况的产生，固然有时代背景的作用，但也从一个侧面反映了孔子思想的复杂构成。今天，当我们以改革开放的政策，大踏步地走向世界的时候，我们需要以更理性的态度，重新解读孔子思想，重新解读我们的传统思想文化，抵排糟粕，张皇精华，坚持发扬中华民族的优秀传统，唯有如此，我们才能自豪地置身于世界之林。

　　无疑，儒学存在着先天的局限。孔子在特定的历史背景下所表现出来的政治理想的保守性，决定了他整个理论体系不可避免地存在着缺陷。

在政治上，儒学几乎成为汉武帝以后每个皇帝的御用法宝，尤其经过后世儒者的理论发展，对于稳固封建统治的社会结构，儒学起到了其他任何学说无可取代的作用。从等序严明的社会结构，到相应的社会观念和意识形态，儒学构成一个自制度到思想的严密体系。政治状态必定影响到人格形态，孔子思想的成熟性，也体现为其理论自身的完备周全，他在提出政治理想的同时，还充分表述了与之一致的人格理想。认同等级秩序、约束自我以服从封建统治，成为孔子构建的人格理想的内核；合于中庸、本分内敛，则成为其人格形态的主要特征。这种人格类型的不足，已经被人们普遍认知。显然，在社会进入到现代化的今天，认清儒学的历史局限对我们发生的影响，是使我们更好地健全自我的重要一环。

　　然而，儒学的理论品格也闪烁着眩目的光彩。尤其是未羼入后儒思想的孔子原态理论，如果厘剔其特定的政治内涵和相关观念，那就有许多宝贵的要素，是我们应该珍惜并且传扬的。孔子思想的一个重要基点是对人的认识，他从血缘亲情出发，认定人天然懂得爱，并认定人能够以其知性，进而把爱延伸到相处的社会群体之中。这就是他大力倡导的仁爱。人正是在实施仁爱的过程中获得尊敬，并最大程度地实现自我价值。孔子是把人格的尊严与社会群体的和谐相处作为一体加以认识的。孔子的认识在一定程度上揭示了人的社会特性，而且把人类社会的和谐有序作为追求的目标，充分突现了人类质性的优越。

　　孔子的可贵，还在于把社会理想的追求与社会成员的自律结合起来，对于各个社会层面的个体都提出了严格的行为要求。他强调每个社会成员都应自觉地担起社会责任，主张以小我服从社会大局，为安国安民而尽心尽力。他极力提倡通过学习来加强自我修养，使每个社会成员懂得处世规范，从内在素养到外在形表都透现出文明的光泽。可以看出，孔子的这些主张，是社会稳定发展的基本保障，其意义已经超越了时代的限制。而他倡导的对父母需孝、对长者应尊等关系准则，实应视作符合人类共性的普遍道德规范，事实上也得到了现代社会的广泛认同。孔子坚持追求理想人格，把价值意义建立在崇高的美德之上，同时又把价值的追求作为精神的享受，使人生的意义在快乐的过程中得到体现。孔子热爱民族文化，满腔热忱地讴歌发扬民族传统文化，并竭尽心力，为保存民族文化作出了卓越的贡献。孔子重视教育，重视对人的培养，并通过一系列具体的教学原则，使自己的主张得到有效的传播。这一切共同构成了孔子思想，它对于当今社会的巨大的价值和意义，是不言而喻的。

《论语》是博大精深的，虽然它呈现为零散的语录体形式，但孔子的思想脉络却贯通其中。从对现状的批判，到提出目标清晰的政治理想，从人类本质的思考，到人生行为规范的制定，从治政措施到文明教化，从求学态度到认识方式，再加上从思想主干上孳生出的各个分支，孔子完整的理论体系，以及孔子思想的完备结构，在《论语》中都得到了充分展现。这就像奠定了坚固的基石，使得儒学有可能在后来的两千余年历史中，成为屹立于中国思想文化领域中心的大厦。

《论语》又是浅近生动的。亲切的交谈口吻，具体的对话环境，还时有人物音容笑貌的记叙，这使得孔子和他的弟子们绘声绘影地跃现于文字中。在《论语》中，孔子的思想与他的形象直接联系在一起，我们不仅能读到孔子的理论，也读到了孔子的个性和孔子的人格。孔子强烈的忧患意识，高度的社会责任感，高昂的用世热情，执着的理想追求，组合成积极向上的人生精神，留给后人的是生命的无限活力，是人生的厚重意义，是效力于社会的价值追求。性格鲜明的孔子形象，使孔子理论产生出直观的效果。可以这么说，阅读《论语》，是思想的启悟，但也会获得文学的享受；阅读《论语》需要思索，但也会受到情志的感动和激励。

《论语》在汉代有三个传本，分别是《齐论语》《鲁论语》和发现于孔子旧宅壁中的《古论语》，这几个《论语》传本的篇目数及章句文字皆有所不同。西汉后期，安昌侯张禹合《齐论语》《鲁论语》二书重新修订，形成了一个新的《论语》改编本，当时称为《张侯论》，这个本子受到广泛重视，诸多儒者为之作注。流传至今的《论语》基本上是张禹的这个本子。

　　本书正文以中华书局 1990 年出版的程树德《论语集释》为底本，个别字参照《十三经注疏》影印本作了改正。本书章节的划分依据中华书局 1980 年出版的杨伯峻《论语译注》。

陈晓芬

学而篇第一

【题解】

《论语》各篇的题目都取自首章第一二句的两字或三字，故篇题本身没有意义。《论语》是语录体裁，从学术角度看，全书编排显然缺乏整体性的建构，各章内容互有交叠，没有必然的逻辑联系。但是，这也并不表示绝对的杂乱无章，部分篇章的内容比较集中，又多少见出编辑者的用心。

本篇共十六章。作为全书的首篇，从总体看，所涉及的内容比较广泛，也比较重大，其中包括孝、仁、礼、政、学习等一系列论题，可以说，以下各篇进一步展开的论述内容在首篇都得到了一定程度的展露。孔子思想体系的中心部分是"仁"与"礼"，孔子对这两个问题有丰富的论述，提出了明确的主张。这里由有若所说的"孝弟也者，其为仁之本"以及"礼之用，和为贵"等观点，表达了仁与礼的特征和效能，这就是以血缘亲情为社会关系的基础，由此维系社会秩序，形成一种既有严格等序又和谐融洽的理想化社会状态。这是对孔子思考走向的初步显示。

子曰①："学而时习之，不亦说乎②？有朋自远方来③，不亦乐乎？人不知而不愠④，不亦君子乎？"

【注释】

①子：《论语》中"子曰"的"子"皆指孔子。

②说：同"悦"，高兴，喜悦。

③朋：在同一师门受学者。这里指志同道合的朋友。

④愠（yùn）：怨恨，恼怒。

【译文】

孔子说："学习中时时加以温习，不是很愉悦吗？有朋友从远方来，不是很快乐吗？别人虽不了解我，但我不怨恨，这不正是君子吗？"

有子曰①："其为人也孝弟②，而好犯上者，鲜矣③；不好犯上，而好作乱者，未之有也。君子务本，本立而道生。孝弟也者，其为仁之本与④！"

【注释】

①有子：孔子学生。姓有，名若。

②弟：同"悌"，敬顺兄长。

③鲜（xiǎn）：少。

④与：同"欤（yú）"，语气词。

【译文】

有子说："一个人孝顺父母，敬爱兄长，却喜欢触犯在上位的人，这种人是很少的；不喜欢犯上却喜欢作乱，这种人是不会有的。君子行事致力于根本，确立了根本，道也就产生了。孝悌就是仁道的根本吧！"

子曰："巧言令色，鲜矣仁！"

【译文】

孔子说："花言巧语，容色伪善，这样的人很少有仁德。"

曾子曰①："吾日三省吾身②：为人谋而不忠乎？与朋友交而不信乎？传不习乎③？"

【注释】

①曾子：孔子学生。名参，字子舆。

②三：泛指多次。省（xǐng）：反省检查。

③传（chuán）：传授，指老师传授的学业。

【译文】

曾子说："我每天数次自我反省：为别人办事是否尽心尽力了？与朋友交往是否真诚守信了？对老师传授的学业是否认真复习了？"

子曰："道千乘之国①，敬事而信②，节用而爱人，使民以时③。"

【注释】

①道（dǎo）：引导，治理。乘（shèng）：古代以四匹马拉的兵车。

②敬事：指严肃的治事态度。

③时：这里指农时。

【译文】

孔子说："治理一个具有千辆兵车的国家，要严肃治事并有诚信，要节约财用并爱护百姓，要根据农时来使用民力。"

子曰："弟子入则孝①，出则弟，谨而信，泛爱众而亲仁。行有余力，则以学文。"

【注释】

①弟子：指年少者。

【译文】

孔子说："一个年轻人，在家要孝顺父母，出门要敬顺兄长，谨慎而有信用，泛爱众人而亲近仁者。能做到这些尚有余力，那就去学习文章典籍。"

子夏曰①："贤贤易色②；事父母，能竭其力；事君，能致其身③；与朋友交，言而有信。虽曰未学，吾必谓之学矣。"

【注释】

①子夏：孔子学生。姓卜，名商，字子夏。

②贤贤：尊崇贤者。易：改变。色：女色。这里指好色之心。或说"贤贤易色"专指对妻子应重品德而轻姿色。

③致：奉献。

【译文】

子夏说："尊崇贤者而改变喜好女色之心，侍奉父母能尽心竭力，事奉君上能不惜性命，与朋友交往中说话有诚信。这样的人即使没有经过学习，我也一定说他学习过了。"

子曰："君子不重则不威①，学则不固。主忠信。无友不如己者②。过，则勿惮改。"

【注释】

①重：庄重。

②不如己：指道德品性不同于己者。

【译文】

孔子说："君子如果不庄重就不会有威严，他即使学习了也不会牢固。为人要以忠信为主。不要与不同于自己的人交友。有了过失，就不要害怕改正。"

曾子曰："慎终追远①，民德归厚矣。"

【注释】

①终：老死寿终。这里指父母去世。追远：追念死亡久远者。这里指祭祀远祖。

【译文】

曾子说："能谨慎办理父母的丧事，追念死亡已久的远祖，这样就能使百姓的德性趋归敦厚。"

子禽问于子贡曰①："夫子至于是邦也②，必闻其政③。求之与？抑与之与？"子贡曰："夫子温、良、恭、俭、让以得之。夫子之求之也，其诸异乎人之求之与④？"

【注释】

①子禽：陈亢，字子禽。子贡：孔子学生。姓端木，名赐，字子贡。

②夫子：古代对男子的敬称。这里指孔子。

③闻：听见，知悉。

④其诸：语气词，表示推测。

【译文】

子禽向子贡问道："夫子每到一个国家，必定获知这个国家的政事。是他自己求得的呢？还是别人主动提供予他的？"子贡说："夫子是以温和、善良、恭敬、节俭、谦让的德行而得知国家政事的。夫子求得政事的方式，应是不同于别人求取的方式吧？"

子曰："父在，观其志；父没①，观其行；三年无改于父之道，可谓孝矣。"

【注释】

①没（mò）：通"殁"，死。

【译文】

孔子说:"父亲在世时,观察儿子的志向;父亲去世后,观察儿子的行为;他能三年不改变父亲生前的行事之道,可说是尽孝了。"

有子曰:"礼之用,和为贵①。先王之道,斯为美,小大由之。有所不行,知和而和,不以礼节之,亦不可行也。"

【注释】

①和:适中,恰到好处。

【译文】

有子说:"礼的运用,以恰当为可贵。过去圣明君王的治政之道,美好的地方就在这里,无论小事大事都这样来实行。但是,如遇行不通的时候,只是为了恰当而求恰当,而不用礼加以节制,那也是不可行的。"

有子曰:"信近于义,言可复也①。恭近于礼,远耻辱也。因不失其亲②,亦可宗也③。"

【注释】

①复:实践,履行。

②因:依靠,凭借。旧注或以"因"通"姻",全句意为缔结婚姻择其可亲之人。

③宗:尊敬。

【译文】

有子说:"所定的信约必须合于道义,这才是能够履行的。态度恭敬应合于礼,这才能远离耻辱。所依靠的都是可亲之人,这也就可尊敬了。"

子曰:"君子食无求饱,居无求安,敏于事而慎于言,就有道而正焉，可谓好学也已。"

【译文】

孔子说："君子饮食不求饱足，居住不求安适，行事勤敏而言语谨慎，能到有道的人那里辨正是非，这可说是好学的了。"

　　子贡曰："贫而无谄，富而无骄，何如？"子曰："可也。未若贫而乐①，富而好礼者也。"
　　子贡曰："《诗》云：'如切如磋，如琢如磨②。'其斯之谓与？"子曰："赐也，始可与言《诗》已矣，告诸往而知来者。"

【注释】

①未若贫而乐：一本"乐"下有"道"字。
②"如切如磋（cuō）"两句：语见《诗经·卫风·淇奥》。切、磋、琢、磨，指对骨器、玉器等器物的不同加工方式，比喻在道德学问上的磨砺研修。切，切断。磋，锉平。琢，雕刻。磨，磨光。

【译文】

子贡说："贫困而不对人阿谀奉承，富贵而不骄傲自大，这怎么样？"孔子说："这样也可以了。但还不如贫困而乐道，富贵而好礼的人。"
　　子贡说："《诗经》中说：'如切如磋，如琢如磨。'大概就是说明这个道理吧？"孔子说："赐啊，现在可以与你谈论《诗经》了，因为告诉你这一层意思，你能进一步领会到那一层意思了。"

　　子曰："不患人之不己知，患不知人也。"

【译文】

孔子说："不担忧别人不了解我，担忧的是我不了解别人。"

为政篇第二

【题解】

本篇共二十四章，所论内容比较广泛。这里记录了孔子提出的"为政以德"的原则，使道德与政治联为一体，这正是孔子政治思想的基本特征。孔子所说的"德"是伦理道德，是处理人与人之间关系的准则，其最重要的表现是孝悌，同时也包括人与人相处的其他各项要求，如忠、信、敬等。这样的道德规范体系与他的政治理想是一致的，他提出以德治政是逻辑的必然。根据这一原则，首先要求统治者自身遵循道德规范，同时也要求统治者把道德教化作为治政的重心。从本篇关于孝悌、修身、为人处世等内容的言论中，可看到孔子对如何达到道德要求的具体阐述。此外，本篇记述了孔子对《诗经》所下的断语"思无邪"，这对后人解读《诗经》产生了巨大影响，尤其汉、宋儒者，常以之为据而对《诗经》进行狭隘的道德解说。由于表达的简洁，学者对《论语》中不少章节的理解颇有争议，第16章关于"异端"的涵义，第21章孔子之言的产生时间及具体所指等，就存在较多异说。

　　子曰："为政以德，譬如北辰居其所而众星共之①。"

【注释】

　　①北辰：指北极星。共：通"拱"，环绕。

【译文】

　　孔子说："以德治政，当政者就会像北极星一样安居其位，而众星都环绕着它。"

　　子曰:"诗三百①,一言以蔽之②,曰:'思无邪③。'"

【注释】

①诗三百:即《诗经》。《诗经》共三百零五篇,"三百"举其整数。

②蔽:概括。

③思无邪:语见《诗经·鲁颂·駉(jiōng)》,"思"原为语首助词,
　　无义。这里全句意谓思想感情纯正无邪。

【译文】

　　孔子说:"《诗经》三百篇,用一句话来概括它,就是'思无邪'。"

　　子曰:"道之以政①,齐之以刑②,民免而无耻。道之以
德,齐之以礼,有耻且格③。"

【注释】

①道:引导。政:政令法规。

②齐:整治。

③格:正。

【译文】

　　孔子说:"用政令引导民众,用刑罚制约民众,民众虽会免于犯罪,
但没有羞耻心。用道德引导民众,用礼教规范民众,民众有羞耻心,而
且能自觉归正。"

　　子曰:"吾十有五而志于学①,三十而立,四十而不惑,
五十而知天命,六十而耳顺,七十而从心所欲,不逾矩。"

【注释】

①有：通"又"。

【译文】

孔子说："我十五岁有志于学习，三十岁能立身于世，四十岁对世事不再有疑惑，五十岁懂得什么是天命，六十岁对听到的一切都深明其义，七十岁可随心所欲，却不会违反规矩。"

孟懿子问孝①。子曰："无违。"

樊迟御②，子告之曰："孟孙问孝于我③，我对曰，无违。"樊迟曰："何谓也？"子曰："生，事之以礼；死，葬之以礼，祭之以礼。"

【注释】

①孟懿子：鲁国大夫。姓仲孙，名何忌，谥号懿。

②樊迟：孔子学生。名须，字子迟。御：驾车。

③孟孙：即孟懿子。

【译文】

孟懿子向孔子问孝道。孔子说："不要违背礼。"

当樊迟为孔子驾车的时候，孔子告诉他说："孟孙向我问孝道，我回答他不要违背礼。"樊迟问："这是什么意思呢？"孔子说："父母活着，按照礼侍奉他们；父母去世，按照礼安葬他们，按照礼祭祀他们。"

孟武伯问孝①。子曰："父母唯其疾之忧②。"

【注释】

①孟武伯：孟懿子之子，名彘，谥号武。

②其：指子女。全句意谓父母不用担忧子女的为人行事，只担忧其

患病。此句或解为要懂得父母唯恐子女患病，以此为忧。或说"其"
指父母，意谓子女当担忧父母的疾病。今从第一说。

【译文】

孟武伯问孔子怎样才是孝。孔子说："让父母只须担忧子女的疾病。"

子游问孝①。子曰："今之孝者，是谓能养。至于犬马，
皆能有养②。不敬，何以别乎？"

【注释】

①子游：孔子学生。姓言，名偃，字子游。

②"至于"两句：此句有二说，一说犬马也得到人的饲养。另一说犬
　　能守御，马能代劳，即犬马也能养人。今从前说。

【译文】

子游问孔子怎样才是孝。孔子说："现在的所谓孝，认为能够供养
父母就行了。照这样，连犬马也有人喂养着。如果不存孝敬之心，供养
父母与喂养犬马有何区别？"

子夏问孝。子曰："色难①。有事，弟子服其劳；有酒食，
先生馔②，曾是以为孝乎③？"

【注释】

①色：容色。这里指子女侍奉父母时的和颜悦色。

②先生：年长者。这里指父母。馔（zhuàn）：吃喝。

③曾：乃，表示疑问。

【译文】

子夏问孔子怎样才是孝。孔子说："在侍奉父母时能和颜悦色，这才
是很难的。若仅仅是有事情由子女去操劳，有酒食先让父母享用，难道

这就算是孝了吗？”

子曰：“吾与回言终日[①]，不违，如愚。退而省其私，亦足以发，回也不愚。”

【注释】

①回：孔子学生。姓颜，名回，字子渊。

【译文】

孔子说：“我整天给颜回讲学，他不表示任何疑问，如愚者一般。但事后省察其言行举止，完全能发挥所学内容，回呀，他并不愚笨。”

子曰：“视其所以，观其所由，察其所安[①]。人焉廋哉[②]？人焉廋哉？”

【注释】

①安：指心里安乐。

②廋（sōu）：隐匿。

【译文】

孔子说：“观察他的所作所为，考察他做事的动机依据，了解他的心情安乐与否。这样，这个人还怎么能隐藏得了呢？这个人还怎么能隐藏得了呢？”

子曰：“温故而知新，可以为师矣。”

【译文】

孔子说：“温习旧的知识而能产生新的见解，这可以为人师了。”

子曰：“君子不器[①]。”

【注释】

①器:器皿。器皿各有其专门的用途,这里用来比喻才识狭隘而不博通。

【译文】

孔子说:"君子不能像器皿一样。"

子贡问君子。子曰:"先行其言而后从之。"

【译文】

子贡问怎样才能成为君子。孔子说:"对于想说的话首先要付诸行动,然后才说出来。"

子曰:"君子周而不比①,小人比而不周。"

【注释】

①周:因忠信而团结的意思。比:勾结,即以私利相亲。

【译文】

孔子说:"君子团结而不勾结,小人勾结而不团结。"

子曰:"学而不思则罔①,思而不学则殆②。"

【注释】

①罔(wǎng):迷惘。一说诬罔,即不辨真义,诬罔所学之道。今从前说。

②殆(dài):疑惑。一说疲殆。今取前说。

【译文】

孔子说:"只是学习而不思考,就会迷惘不解;只是思考而不学习,就会疑惑不定。"

子曰:"攻乎异端^①,斯害也已。"

【注释】

①攻:致力研究。一说攻伐。今从前说。异端:指各种杂学、技艺等。

【译文】

孔子说:"专力攻治杂学技艺,这是有害的呀。"

子曰:"由^①,诲女知之乎^②!知之为知之,不知为不知,是知也^③。"

【注释】

①由:孔子学生。姓仲,名由,字子路。

②女:通"汝",你。

③知:同"智"。

【译文】

孔子说:"由,我教你怎样才叫作知道了!知道就是知道,不知道就是不知道,这才是聪明的。"

子张学干禄^①。子曰:"多闻阙疑^②,慎言其余,则寡尤^③;多见阙殆^④,慎行其余,则寡悔。言寡尤,行寡悔,禄在其中矣。"

【注释】

①子张:孔子学生。姓颛(zhuān)孙,名师,字子张。干:求取。禄:官吏的俸禄。

②阙疑：保留有疑惑的问题，不妄作推断。

③尤：过失。

④阙殆：义同"阙疑"。

【译文】

子张请教如何求官得禄。孔子说："多听别人说，自己保留有疑惑的问题，其余可确定的问题则谨慎表达，那样就能少有过失；多看别人行事，自己不做有疑惑的事情，其余可确定的事情则谨慎实行，那样就能少生后悔。言语少过失，行事少后悔，官禄就在其中了。"

哀公问曰①："何为则民服？"孔子对曰："举直错诸枉②，则民服；举枉错诸直，则民不服。"

【注释】

①哀公：鲁国国君。姓姬，名蒋，谥号哀。

②错：通"措"，放置。枉：邪曲。

【译文】

鲁哀公问道："怎么做才能使百姓服从？"孔子答道："举用正直的人，置于邪恶的人之上，那么百姓就会服从；举用邪恶的人，置于正直的人之上，那么百姓就不服从。"

季康子问①："使民敬、忠以劝②，如之何？"子曰："临之以庄，则敬；孝慈，则忠；举善而教不能，则劝。"

【注释】

①季康子：鲁国大夫。季孙氏，名肥，谥号康。

②劝：勤勉，努力。

【译文】

季康子问:"要使百姓恭敬、忠诚而努力,应该怎么做?"孔子说:"你庄重地对待他们,他们就对你恭敬;你孝顺老者,慈爱幼小,他们就对你忠诚;你举用善人,并教导能力弱的人,他们就会勤奋努力。"

或谓孔子曰①:"子奚不为政?"子曰:"《书》云②:'孝乎惟孝,友于兄弟,施于有政③。'是亦为政,奚其为为政?"

【注释】

①或:有人。

②《书》:即《尚书》。

③"孝乎惟孝"三句:此三句可能是《尚书》佚文,伪古文《尚书·君陈》有"惟尔令德孝恭,惟孝,友于兄弟,克施有政"数语,语义大致相同。或以为"施于有政"一语是孔子的话。施,推广,延及。有,语助词,无义。

【译文】

有人对孔子说:"您为什么不做官参与政治?"孔子说:"《尚书》说:'孝啊,只有孝顺父母,又友爱兄弟,并推广于政治。'这也是参与政治,为什么一定要做官参政呢?"

子曰:"人而无信,不知其可也。大车无輗①,小车无軏②,其何以行之哉?"

【注释】

①大车:指牛车。輗(ní):牛车上车辕与横木连接处的活销,可衔接横木以驾牲口。

②小车:指马车。軏(yuè):性质与輗同,用于马车上称"軏"。

【译文】

孔子说:"一个人如果没有信用,不知道他还可做什么。犹如牛车没有辕,马车没有轨,怎么能行进呢?"

子张问:"十世可知也①?"子曰:"殷因于夏礼②,所损益,可知也;周因于殷礼,所损益,可知也。其或继周者,虽百世,可知也。"

【注释】

①世:朝代。

②因:承袭。**【译文】**

【译文】

子张问:"十代以后的礼仪制度能预知吗?"孔子说:"殷朝承袭夏朝的礼仪制度,其增加和废除的地方,是可以知道的;周朝承袭殷朝的礼仪制度,其增加和废除的地方,也是可以知道的。那么以后继承周朝的朝代,即使历经一百代,也是可以预知的。"

子曰:"非其鬼而祭之①,谄也。见义不为,无勇也。"

【注释】

①鬼:一般指祖先,也可泛指鬼神。

【译文】

孔子说:"不该由你祭的鬼你却祭他,这是谄媚。遇见合乎道义的事你却不做,这是没有勇气。"

八佾篇第三

【题解】

本篇共二十六章，内容比较集中，论说的问题基本与礼乐相关。孔子所处的时代，周王室已极为衰微，列国争雄，大夫专权，原有的统治秩序正在急剧瓦解，作为维系这一统治秩序的礼乐制度遭遇前所未有的挑战，这就是所谓的"礼崩乐坏"。孔子对这样的社会现状极度不满，他把西周社会制度当作政治蓝图，因此竭力弘扬周礼，严厉抨击各级统治阶层违背周礼的举动，力图通过周礼的恢复重建等级分明的稳定秩序。但孔子的政治理想不符合社会发展的内在必然，在时代潮流面前，他除了表达愤怒，其实很难在政治上真正有所作为。本篇正是从一个角度反映了当时的社会情势，也反映了孔子关于礼乐的认识观念。

孔子谓季氏①："八佾舞于庭②，是可忍也③，孰不可忍也④？"

【注释】

①季氏：鲁国大夫季孙氏，可能指季平子，名意如。

②八佾(yì)：天子所用的一种乐舞。佾，乐舞行列，每列定为八人。

　　八佾即八列六十四人。按礼制，诸侯用六佾，大夫四佾，士二佾。

　　一说每佾人数与佾数相等。

③忍：忍心。一说容忍。今取前说。

④孰：什么。

【译文】

孔子谈及季氏，说："他在庭院中使用八佾的乐舞，这样的事他都忍心去做，还有什么事会不忍心做？"

　　三家者以《雍》彻①。子曰："'相维辟公，天子穆穆②。'奚取于三家之堂③？"

【注释】

①三家：指鲁国当政的仲孙、叔孙、季孙三卿。《雍》：《诗经·周颂》篇名，为周天子行祭礼后撤去祭品时所唱。彻：撤除。

②"相（xiàng）维辟公"两句：《雍》中诗句。相，助祭的人。辟公，指诸侯。天子，主祭的周天子。穆穆，形容端庄恭敬的仪态。

③堂：庙堂。

【译文】

仲孙、叔孙、季孙三家在家祭完毕时，唱着《雍》诗撤去祭品。孔子说："《雍》诗中说：'助祭的是诸侯，主祭的天子端庄恭敬。'在三家的庙堂上，凭借哪一点唱此诗呢？"

　　子曰："人而不仁，如礼何？人而不仁，如乐何？"

【译文】

孔子说："一个人没有仁德，怎么来遵循礼？一个人没有仁德，怎么会懂得音乐？"

　　林放问礼之本①。子曰："大哉问！礼，与其奢也，宁俭。丧，与其易也②，宁戚。"

【注释】

①林放：鲁国人。

②易：整治。这里是治办丧事过重礼仪的意思。

【译文】

　　林放问礼的本质是什么。孔子说："你问的问题意义很大啊！礼的实行，与其奢侈，宁可节俭。至于丧礼，与其仪节上过度周备，宁可感情过度悲哀。"

　　子曰："夷狄之有君①，不如诸夏之亡也②。"

【注释】

①夷狄：古代对华夏族以外异族的泛称。

②诸夏：指中原地区的各诸侯国。亡（wú）：无。

【译文】

　　孔子说："夷狄虽有君主，还不如中原各国没有君主。"

　　季氏旅于泰山①。子谓冉有曰②："女弗能救与③？"对曰："不能。"子曰："呜呼！曾谓泰山不如林放乎④？"

【注释】

①旅：祭名。据礼制，唯有天子才能祭天下名山大川，诸侯则能祭封　　地内名山大川。季氏作为鲁大夫而祭泰山是僭越行为。

②冉有：孔子学生。姓冉，名求，字子有。时任季氏家臣。

③救：阻止。

④"曾谓"句：意谓难道说泰山神还不如林放知礼，而会接受季氏的　　祭祀吗？

【译文】

季氏将祭泰山。孔子对冉有说："你不能阻止此事吗？"冉有回答："不能。"孔子叹道："唉！难道说泰山神还不如林放懂得礼吗？"

子曰："君子无所争。必也射乎①！揖让而升②，下而饮。其争也君子。"

【注释】

①射：指射礼，有大射、乡射等名目。统治阶层通过射箭比赛选士或会民，其过程有固定的仪式程序。

②揖让：宾主相见的礼节。升：指登堂。射礼在堂上进行。

【译文】

孔子说："君子没有什么可争的事。如果有争则一定是在射礼上吧！但他们首先相互行礼，然后登堂进行比赛，赛毕则下堂共同饮酒。这样的争才是君子之争。"

子夏问曰："'巧笑倩兮，美目盼兮，素以为绚兮①。'何谓也？"子曰："绘事后素②。"

曰："礼后乎③？"子曰："起予者商也④！始可与言《诗》已矣。"

【注释】

①"巧笑倩兮"三句：前两句见《诗经·卫风·硕人》，第三句未见于《诗经》中，此可能是逸诗。倩，形容笑容美好动人。盼，眼睛黑白分明，形容眼目流转的美丽。素，白色。绚，色彩华丽。

②绘事后素：绘画时先以素色为底，后施五彩。一说绘画先布五彩，再用白色线条勾勒。今从前说。

③礼后乎：意谓礼形成于仁义的基础之上。这是以上句"素色"喻
　　"仁义"之质。

④起：开启，阐发。

【译文】

　　子夏问道："'美好的笑容真动人啊，眼目的流转真妩媚啊，白净的
脸上妆饰得真美丽啊。'这几句诗表达了什么意思呢？"孔子说："有了白
色的底子，然后画上色彩。"

　　子夏说："就是说礼形成于仁义之后吗？"孔子说："能够阐发我的
意思的是商啊！现在可以与你谈论《诗经》了。"

　　子曰："夏礼，吾能言之，杞不足征也①；殷礼，吾能言
之，宋不足征也②。文献不足故也③。足，则吾能征之矣。"

【注释】

①杞：国名。国君是夏禹的后代。征：证明。

②宋：国名。国君是商汤的后代。

③文：指典籍。献：贤者。

【译文】

　　孔子说："夏礼我能够阐明，但夏的后代杞国却不足为证；殷礼我
能够阐明，但殷的后代宋国却不足为证。这是因为杞、宋两国的典籍和
贤者不足的缘故。如果有足够的典籍和贤者，那我就能引以为证了。"

　　子曰："禘自既灌而往者①，吾不欲观之矣。"

【注释】

①禘（dì）：祭名。这里指隆重的宗庙大祭，只有天子才能举行。周
　　成王因周公旦有重大功勋，封周公于鲁，特令鲁君以禘礼祀周公。

后鲁国国君把禘祭扩大到其他范围,是越礼行为,因此孔子不愿看。灌:祭祀开始时,斟酒浇地以求神降临。

【译文】

孔子说:"举行禘礼时,第一次献酒以后,我就不愿再看下去了。"

或问禘之说。子曰:"不知也。知其说者之于天下也,其如示诸斯乎①!"指其掌。

【注释】

①示:通"置"。

【译文】

有人问关于禘祭的道理。孔子说:"我不知道。如果知道这个道理的人治理天下,犹如把东西放在这上面一样容易吧!"他一面说,一面指着手掌。

祭如在①,祭神如神在。子曰:"吾不与祭②,如不祭。"

【注释】

①祭:这里指祭祖先。

②与:参与。

【译文】

孔子祭祖先时,好像祖先真在那里,祭神时,好像神真在那里。孔子说:"如果我不能亲自参加祭祀,就会觉得像没有祭祀过一样。"

王孙贾问曰①:"与其媚于奥②,宁媚于灶③,何谓也?"子曰:"不然。获罪于天,无所祷也④。"

【注释】

①王孙贾：卫国大夫。

②奥：居室的西南角，古代以为那里有神。

③灶：指灶神。古人以为奥神位尊，灶神位低，但灶为烹饪食物的地方，对人有更实际的作用。这里可能分别以奥神和灶神比喻朝中近臣和权臣。

④无所祷也：此句意谓祭什么神都没有用处了。

【译文】

王孙贾问道："与其求媚于奥神，宁可求媚于灶神，这两句话是什么意思？"孔子说："这话不对。如果得罪了上天，那就没有地方可以祈祷了。"

子曰："周监于二代①，郁郁乎文哉②！吾从周。"

【注释】

①监：借鉴。二代：指夏、商两朝。

②郁郁：形容文采富盛。文：指礼乐仪制。

【译文】

孔子说："周朝借鉴了夏、商两朝，它所制定的礼乐仪制是多么丰富多彩啊！我主张遵从周朝的制度。"

子入大庙①，每事问。或曰："孰谓鄹人之子知礼乎②？入大庙，每事问。"子闻之，曰："是礼也。"

【注释】

①大庙：开国君主的庙。这里指周公庙。大，同"太"。

②鄹（zōu）人之子：指孔子。鄹，鲁国地名，今山东曲阜东南。孔

子父亲叔梁纥曾做过鄹邑大夫，这里的"鄹人"即指孔子父亲。

【译文】

孔子进入周公庙，对每件事都发问。有人说："谁说这个鄹人的儿子懂得礼呀？他进了太庙，每件事都要问。"孔子听到这话，说："这正是礼啊。"

子曰："射不主皮①，为力不同科②，古之道也。"

【注释】

①射：射箭。这里指仪礼中的射箭，不是军中的射箭。皮：用兽皮制成的箭靶。

②科：等级。

【译文】

孔子说："射箭主要不在于穿透靶子，因为人的力量各不相同，这是古人的规矩。"

子贡欲去告朔之饩羊①。子曰："赐也！尔爱其羊，我爱其礼。"

【注释】

①告朔：一种礼仪。天子于每年秋冬之交向诸侯颁发第二年的历书，告知每月初一的日期以及该年有无闰月，称"颁告朔"。诸侯把历书藏于祖庙，并在每月初一杀活羊祭于庙，然后到朝廷听政。其时鲁国国君已不再亲临祖庙行祭，仅保留供羊的形式而已。朔，农历每月初一。饩（xì）羊：用作祭品的羊。

【译文】

子贡打算取消每月初一用于告祭祖庙的那只羊。孔子说："赐啊！你爱惜的是那只羊，我爱惜的是那礼。"

子曰："事君尽礼，人以为谄也。"

【译文】

孔子说："完全按照礼节事奉君主，别人却认为这是谄媚。"

定公问①："君使臣，臣事君，如之何？"孔子对曰："君使臣以礼，臣事君以忠。"

【注释】

①定公：鲁国国君。名宋，谥号定。

【译文】

鲁定公问："君主使用臣子，臣子事奉君主，应该怎么做？"孔子答道："君主按照礼节使用臣子，臣子忠心耿耿事奉君主。"

子曰："《关雎》①，乐而不淫②，哀而不伤③。"

【注释】

①《关雎》：《诗经·国风》首篇，写一男子追求少女的情思。

②淫：过度，没有节制。

③伤：这里指过度悲伤。

【译文】

孔子说："《关雎》这首诗，快乐而不放荡，悲哀而不伤情。"

哀公问社于宰我①。宰我对曰："夏后氏以松②，殷人以柏，周人以栗，曰使民战栗。"子闻之，曰："成事不说，遂事不谏③，既往不咎④。”

【注释】

①社：土地神。这里指社主，即为土地神所立的木制牌位。宰我：
　　孔子学生。姓宰，名予，字子我。

②夏后氏：即夏朝。

③遂：完成。

④咎：追究罪过。

【译文】

　　鲁哀公问宰我做社主应该用什么木头。宰我答道：“夏代用松木，殷代用柏木，周代用栗木，意思是使百姓畏惧而战战栗栗。”孔子听到此话后，说：“已经做了的事不必再解说，已经完成的事不必再规劝，已经过去的事不必再追究。”

　　子曰：“管仲之器小哉①！”

　　或曰：“管仲俭乎？”曰：“管氏有三归②，官事不摄③，焉得俭？”

　　“然则管仲知礼乎？”曰：“邦君树塞门④，管氏亦树塞门。邦君为两君之好，有反坫⑤，管氏亦有反坫。管氏而知礼，孰不知礼？”

【注释】

①管仲：春秋时齐国人。名夷吾，字仲，齐桓公的宰相。

②三归：其说甚多，主要有：一、按常例应缴纳给公家的市租。二、三处府第。三、管仲所筑台名。四、藏钱币的府库。五、地名，乃管仲采邑。六、娶三个女子。今取第一说。

③摄：兼职。

④塞门：筑于门口以挡视线的屏墙，如同后来的照壁。按礼制，此为
　　天子诸侯所用。

⑤反坫(diàn)：土筑的平台，用于国君间会见的仪式上，宾主饮酒
　　后，把空酒杯置于其上。

【译文】

孔子说："管仲的器量很小啊！"

有人问："管仲节俭吗？"孔子说："管仲获取了本该缴纳公家的许多
市租，其下属人员都是专职而不兼任职事，哪里说得上节俭呀？"

人又问："那么管仲懂得礼吗？"孔子说："国君在门口树立屏墙，管
仲也在门口树立屏墙。国君为了两国之间的友好交往，设有反坫，管仲
也设有反坫。如果说管仲懂礼，那还有谁不懂得礼呢？"

子语鲁大师乐①，曰："乐其可知也：始作，翕如也②；从
之③，纯如也④，皦如也⑤，绎如也⑥，以成。"

【注释】

①大师：乐官名。大，同"太"。

②翕(xī)如：形容乐声始起的热烈。

③从(zòng)：同"纵"，放纵，展开。

④纯如：形容乐声的和谐。

⑤皦(jiǎo)如：形容乐声的清晰。

⑥绎(yì)如：形容乐声的连绵不断。

【译文】

孔子把演奏音乐的过程告诉鲁国太师，说："奏乐的过程是可以知
道的：演奏开始，乐声热烈振奋，随着演奏的继续，乐声纯静和谐，清晰
明亮，连绵悠长，乐曲就这样完成了。"

仪封人请见①，曰："君子之至于斯也，吾未尝不得见也。"从者见之。出曰："二三子何患于丧乎②？天下之无道也久矣，天将以夫子为木铎③。"

【注释】

①仪：卫国邑名。封人：镇守边疆的官员。

②丧：这里指失去官位。

③木铎（duó）：以木为舌的铜铃，古代宣布政教法令时，常摇铃召集众人。这里比喻孔子将传道天下。

【译文】

仪邑的边防官请求与孔子见面，说："凡君子来到这里，我没有不相见的。"跟随孔子的学生带他见了孔子。他出来后对这些学生说："你们这些人哪里用得着担心没有官位呢？天下无道的情况已经很久了，上天将要把你们老师当作木铎了。"

子谓《韶》①："尽美矣，又尽善也。"谓《武》②："尽美矣，未尽善也。"

【注释】

①《韶》：舜时乐曲名。

②《武》：周武王时乐曲名。

【译文】

孔子论《韶》乐，说："音乐美极了，表现的内容好极了。"论《武》乐，说："音乐美极了，但表现的内容则有不足。"

子曰："居上不宽，为礼不敬，临丧不哀，吾何以观之哉？"

【译文】

孔子说:"居于上位不宽厚待人,施行礼仪不严肃恭敬,逢临丧事不悲戚哀伤,我怎么能看得下去呢?"

里仁篇第四

【题解】

　　本篇共二十六章，除了末章，其他基本上是孔子简短的言论。本篇从一开始就集中在仁的话题上，孔子认为仁是礼乐得以实施的根本，所以本篇接于以论礼为中心内容的《八佾》之后，依稀可见结构上的联系。如果说关于礼的内容，孔子更强调对西周制度的承袭，采取的是"述而不作"的态度，那么在仁的问题上则多有开创性的理论建树，使得"仁"成为他思想体系的核心内容。仁集中体现了孔子对人的哲学思考，是一个直接关系到孔子社会理想与政治原则的重大问题。但另一方面，仁作为道德修养，又以各种表现形式，随时随地反映在实际生活中。孔子自称"吾道一以贯之"，曾参用"忠恕"二字作了解释。后人对这一章有诸多解说，甚至有以禅宗传授心印来拟之者。其实"忠恕"所体现的就是仁的精神。钱穆先生说："尽己之心以待人谓之忠，推己之心以及人谓之恕。"又说："而言忠恕，则较言仁更使人易晓。因仁者至高之德，而忠恕则是学者当下之工夫，人人可以尽力。"（《论语新解》）这一说法比较妥切，"至高之德"与"当下之工夫"也准确地概括了仁的表现特性。

　　子曰："里仁为美①。择不处仁，焉得知②？"

【注释】

　　①里：居住。

②知：同"智"。

【译文】

　　孔子说："居住在有仁德风气的地方是美好的。选择住所而不择有仁风的地方，怎么能说是聪明的呢？"

　　　子曰："不仁者不可以久处约①，不可以长处乐。仁者安仁，知者利仁。"

【注释】

　　①约：穷困。

【译文】

　　孔子说："不仁之人不能长久处在穷困之中，也不能长久处在安乐之中。有仁德的人安于仁道，聪明的人知道行仁道有利于己。"

　　　子曰："唯仁者能好人，能恶人。"

【译文】

　　孔子说："只有仁者能真正喜爱人，能真正厌恶人。"

　　　子曰："苟志于仁矣，无恶也。"

【译文】

　　孔子说："如果立志于仁，就没有恶行了。"

　　　子曰："富与贵，是人之所欲也；不以其道得之，不处也。贫与贱，是人之所恶也；不以其道得之①，不去也。君子去仁，恶乎成名②？君子无终食之间违仁③，造次必于是④，颠沛必于是。”

【注释】

①得：或以为“去”字之误。今仍据原文译之。

②恶（wū）：疑问代词，何，怎么。

③终食：一顿饭时间。

④造次：急遽，仓猝。

【译文】

孔子说：“财富与权贵是人人所向往的，但若不以正当的方法获得，君子不会去享有这样的富贵。贫穷与卑贱是人人所厌恶的，但若不是行为失当而得此结果，君子不会去摆脱这样的贫贱。君子丧失了仁德，又怎么能成就声名？君子即使是一顿饭的片刻时间也不会违背仁德，虽仓猝急迫也一定实行仁德，虽颠沛流离也一定实行仁德。”

子曰：“我未见好仁者，恶不仁者。好仁者，无以尚之①；恶不仁者，其为仁矣，不使不仁者加乎其身。有能一日用其力于仁矣乎？我未见力不足者。盖有之矣，我未之见也。”

【注释】

①尚：超过。

【译文】

孔子说：“我未曾见到喜好仁的人和厌恶不仁的人。喜好仁的人，认为没有任何事物能高于仁；厌恶不仁的人，他实行仁，是不使任何不仁的事情出现在自己身上。有谁能在一天里用全力去实施仁呢？我没见过力量有不够的。或许还是有这样的人吧，只是我没有见到。”

子曰：“人之过也，各于其党①。观过，斯知仁矣②。”

【注释】

①党：类别。

②仁：通"人"。

【译文】

孔子说："人的过失，可以各各归入不同的类别。只要审察那人的过失，就能知道他是哪一种人了。"

子曰："朝闻道，夕死可矣。"

【译文】

孔子说："早晨若得到了真理，当晚死去都可以啊。"

子曰："士志于道，而耻恶衣恶食者，未足与议也。"

【译文】

孔子说："士人有志于真理，却又以穿旧衣吃劣食为耻辱，这样的人，不值得与他谈论真理。"

子曰："君子之于天下也，无适也①，无莫也②，义之与比③。"

【注释】

①适（dí）：专主。或说"适"通"敌"，敌对的意思。今从前说。

②莫：不肯。或说"莫"通"慕"，羡慕，与上句敌对义相对。今从前说。

③比：附从，合。

【译文】

孔子说："君子对于天下之事，没有必定要这样做的，也没有必定不这样做的，所做唯求合乎义。"

子曰："君子怀德,小人怀土;君子怀刑,小人怀惠。"

【译文】

孔子说："君子心怀道德,小人心怀乡土;君子心怀法度,小人心怀恩惠。"

子曰："放于利而行①,多怨。"

【注释】

①放(fǎng):依据。

【译文】

孔子说："依据个人利益行事,必定招致很多怨恨。"

子曰："能以礼让为国乎①?何有?不能以礼让为国,如礼何?"

【注释】

①礼让:守礼谦让。

【译文】

孔子说："能以礼让的原则治国吗?这有什么困难呢?不能以礼让的原则治国,那对礼怎么办呢?"

子曰："不患无位,患所以立。不患莫己知,求为可知也。"

【译文】

孔子说："不要愁没有职位,而应愁自己用什么胜任其位。不要愁没有人知道自己，而应求自己能有什么可以使人知道的。"

子曰："参乎！吾道一以贯之。"曾子曰："唯。"

子出，门人问曰："何谓也？"曾子曰："夫子之道，忠恕而已矣①。"

【注释】

①忠：尽心待人。恕：推己及人。

【译文】

孔子说："参啊！我的学说贯穿着一个基本原则。"曾子说："是的。"

孔子出去后，其他学生问道："这是什么意思呢？"曾子说："老师的学说，就是忠恕二字呀。"

子曰："君子喻于义①，小人喻于利。"

【注释】

①喻：知晓。

【译文】

孔子说："君子懂得的是义，小人懂得的是利。"

子曰："见贤思齐焉，见不贤而内自省也。"

【译文】

孔子说："看见贤者，就想着向他看齐；看见不贤的人，就反省自己做得怎么样。"

子曰："事父母几谏①，见志不从，又敬不违，劳而不怨②。"

【注释】

①几（jī）：隐微。这里是委婉的意思。

②劳：忧愁。

【译文】

孔子说："事奉父母，若父母有过错应委婉地劝阻，看到自己的意思不被听从，仍然恭恭敬敬而不冒犯他们，只是内心忧愁，但不怨恨。"

子曰："父母在，不远游，游必有方。"

【译文】

孔子说："父母在世，不离家远行，如果要外出也必须有确定的去处。"

子曰："三年无改于父之道，可谓孝矣。"①

【注释】

①已见《学而篇》十一章。

【译文】

孔子说："能三年不改变父亲生前的行事之道，可以说是尽孝了。"

子曰："父母之年，不可不知也①。一则以喜，一则以惧。"

【注释】

①知：记住。

【译文】

孔子说："父母的年龄，不可不记在心中。一方面为他们的高寿而欢喜，一方面为他们的衰老而忧惧。"

子曰："古者言之不出，耻躬之不逮也①。"

【注释】

①躬：自身。逮（dài）：及，追上。

【译文】

孔子说："古人不轻易把话说出口，因为他们以自己的行为跟不上为可耻。"

子曰："以约失之者鲜矣。"

【译文】

孔子说："对自己加以约束而犯过失的情况是很少的。"

子曰："君子欲讷于言而敏于行①。"

【注释】

①讷（nè）：言语迟钝。

【译文】

孔子说："君子要出言迟钝而行事敏捷。"

子曰："德不孤，必有邻。"

【译文】

孔子说："有德之人不会孤单，必定会有与他亲近的人。"

子游曰："事君数①，斯辱矣。朋友数，斯疏矣。"

【注释】

①数（shuò）：频频。这里有烦琐、琐屑的意思。

【译文】

　子游说："事奉君王时过于烦琐，就会遭受羞辱。朋友交往中过于烦琐，就会导致疏远。"

公冶长篇第五

【题解】

  本篇共二十八章，主要记述孔子言谈中对人的评论，尤其集中在对自己学生的评论上。从片言只语的人物评说中，反映出孔子的人才标准与他的思想体系是完全一致的。这首先表现为价值取向很明确，无论是道德还是才干，都以有用于现实政治为根本的标尺。孔子论子产时说的行己、事上、养民、使民所谓君子四道，是他对人才价值目标的高度概括。其次反映在德才的表现形态上。在同一个价值标准的前提下，因个性不同，或因具体环境的差异，形成风格各异的道德表现方式，这是必然的，这也是孔子所认同的。正因为如此，才有孔子对自己学生的不同分类，才有对各种人的循循善诱，而不是简单化地否定某种表现类型。然而，尽管如此，孔子对道德的基本表现形貌还是具有明确的指向，其主要特征就是克制和内敛，于是，恭敬、谦让、忠厚等形态成为道德范式，反之，刚勇、好胜、善言等表现形态，则很难得到孔子的青睐。显然，这是以道德的外在形态体现了礼与仁的本质走向。

  子谓公冶长①：“可妻也②。虽在缧绁之中③，非其罪也。”以其子妻之④。

【注释】

  ①公冶长：孔子学生。姓公冶，名长，字子长。

②妻：以女嫁人。

③缧绁（léi xiè）：捆绑犯人的绳索。这里指监狱。

④子：儿女。这里指女儿。

【译文】

孔子谈及公冶长，说："可以把女儿嫁给他。他虽曾被关入监狱，但不是他的罪过。"于是把自己的女儿嫁给了他。

子谓南容①："邦有道，不废；邦无道，免于刑戮。"以其兄之子妻之。

【注释】

①南容：孔子学生。姓南宫，名适（kuò），字子容。

【译文】

孔子谈及南容，说："国家政治清明，他不会被废弃不用；国家政治黑暗，他能免遭刑罚。"于是把自己兄长的女儿嫁给了他。

子谓子贱①："君子哉若人！鲁无君子者，斯焉取斯②？"

【注释】

①子贱：孔子学生。姓宓（mì），名不齐，字子贱。

②斯：此。前一"斯"字指子贱，后一"斯"字指品德。

【译文】

孔子谈及子贱，说："这人真是个君子啊！假如鲁国没有君子，他从哪里学得这样的品德呢？"

子贡问曰："赐也何如？"子曰："女，器也。"曰："何器也？"曰："瑚琏也①。"

【注释】

①瑚琏（hú lián）：宗庙中盛黍稷的贵重礼器。

【译文】

子贡问道："我这个人怎么样？"孔子说："你如同一个器具。"子贡问："什么器具？"孔子说："如同宗庙中盛放黍稷的礼器。"

或曰："雍也仁而不佞①。"子曰："焉用佞？御人以口给②，屡憎于人。不知其仁，焉用佞？"

【注释】

①雍：孔子学生。姓冉，名雍，字仲弓。佞（nìng）：口才好，能言善辩。

②御：抵挡，应对。口给：口才敏捷。

【译文】

有人说："冉雍有仁德，但没有口才。"孔子说："何必要有口才呢？巧嘴利舌地与人辩对，常常被人讨厌。我不知道冉雍是否可称为仁，但何必要有口才呢？"

子使漆雕开仕①。对曰："吾斯之未能信。"子说。

【注释】

①漆雕开：孔子学生。姓漆雕，名开，字子开，一作"子若"。

【译文】

孔子让漆雕开去做官。漆雕开回答说："我对这事还没有信心。"孔子听了很高兴。

子曰："道不行，乘桴浮于海①。从我者，其由与？"子路闻之喜。子曰:"由也好勇过我,无所取材^②。"

【注释】

①桴(fú):竹木制的小筏子。

②材:通"哉",语气词。或说"材"指制作桴的竹木。今从前说。

【译文】

孔子说:"我的主张不能实行,我就乘坐小筏子漂往海外。能跟随我的,大概只有仲由吧?"子路听到这话很高兴。孔子说:"仲由在好勇这点上超过我,但这是不足取的。"

孟武伯问:"子路仁乎?"子曰:"不知也。"又问。子曰:"由也,千乘之国,可使治其赋也^①。不知其仁也。"

"求也何如?"子曰:"求也,千室之邑^②,百乘之家^③,可使为之宰也^④。不知其仁也。"

"赤也何如^⑤?"子曰:"赤也,束带立于朝^⑥,可使与宾客言也。不知其仁也。"

【注释】

①赋:指军队。

②千室之邑:有一千户人家的大邑,是卿大夫能有的领地。邑,百姓聚居的地方。

③家:指卿大夫家。

④宰:家臣。

⑤赤:孔子学生。姓公西,名赤,字子华。

⑥束带:束紧腰带,指整饰衣服。

【译文】

孟武伯问:"子路有仁德吗?"孔子回答:"不知道。"孟武伯再问。

孔子说:"由啊,一个有千辆兵车的国家,可以让他治理军事。至于他的仁德,我就不知道了。"

孟武伯问:"冉求怎么样?"孔子说:"求啊,一个千户人口的大邑,有百辆兵车的大家,可以让他任家臣。至于他的仁德,我就不知道了。"

孟武伯问:"公西赤怎么样?"孔子说:"赤啊,可以让他穿上礼服,站在朝廷接待宾客。至于他的仁德,我就不知道了。"

子谓子贡曰:"女与回也孰愈①?"对曰:"赐也何敢望回?回也闻一以知十,赐也闻一以知二。"子曰:"弗如也,吾与女弗如也②。"

【注释】

①愈:胜过。

②与:连词,和。一说赞同,即赞许子贡不如颜回的自我评价。今取前说。

【译文】

孔子对子贡说:"你和颜回谁更强一些?"子贡回答说:"我怎么敢同颜回相比?颜回听得一事,能推知十事,我听得一事,只能推知两事。"孔子说:"是不如他啊,我和你都不如他啊。"

宰予昼寝。子曰:"朽木不可雕也,粪土之墙不可杇也①。于予与何诛②?"子曰:"始吾于人也,听其言而信其行;今吾于人也,听其言而观其行。于予与改是。"

【注释】

①杇(wū):粉刷。

②诛:责备。

【译文】

宰予在白天睡觉。孔子说:"腐朽的木头不能雕刻,粪土般的墙壁不能粉刷。对于宰予,还有什么值得我责备的?"孔子又说:"先前我对别人,听了他的话便相信他的行为;如今我对别人,听了他的话还得观察他的行为。是因为宰予让我有了这样的改变。"

子曰:"吾未见刚者。"或对曰:"申枨①。"子曰:"枨也欲,焉得刚?"

【注释】

①申枨(chéng):孔子学生。

【译文】

孔子说:"我没有见到过刚强不屈的人。"有人回答:"申枨是这样的人。"孔子说:"申枨欲望太多,哪里能刚强不屈?"

子贡曰:"我不欲人之加诸我也①,吾亦欲无加诸人。"子曰:"赐也,非尔所及也。"

【注释】

①加:欺侮,侵凌。

【译文】

子贡说:"我不愿别人欺侮我,我也不愿欺侮别人。"孔子说:"赐啊,这不是你能做得到的。"

子贡曰:"夫子之文章①,可得而闻也。夫子之言性与天道,不可得而闻也。"

【注释】

①文章：泛指诗、书、礼、乐等古代文献方面的学说。

【译文】

子贡说："老师在古代文献方面的学说，我们能够听到。老师在人性和天道方面的见解，我们就听不到了。"

子路有闻，未之能行，唯恐有闻①。

【注释】

①有：通"又"。

【译文】

子路听到一种道理，如果还没能去实行，便只怕又听到新的道理。

子贡问曰："孔文子何以谓之'文'也①？"子曰："敏而好学，不耻下问②，是以谓之'文'也。"

【注释】

①孔文子：卫国大夫。名圉（yǔ），谥号文。

②下问：问在自己之下的人，如以能问不能、以多问寡等。

【译文】

子贡问道："孔文子根据什么得到'文'的谥号？"孔子说："他聪敏而又好学，向不及自己的人请教而不以为耻，所以给他'文'的谥号。"

子谓子产①："有君子之道四焉：其行己也恭，其事上也敬，其养民也惠，其使民也义。"

【注释】

①子产：郑国大夫。姓公孙，名侨，字子产。在郑国执政二十余年。

【译文】

孔子评论子产，说："他有四个方面合于君子之道：他自己的行为庄重谦逊，他事奉君主恭敬有礼，他养护民众有恩惠，他役使民众合于道理。"

子曰："晏平仲善与人交①，久而敬之。"

【注释】

①晏平仲：齐国大夫。名婴，字平仲。

【译文】

孔子说："晏平仲善于与人交往，相交越久，别人越敬重他。"

子曰："臧文仲居蔡①，山节藻棁②，何如其知也？"

【注释】

①臧文仲：鲁国大夫。臧孙氏，名辰，谥号文。蔡：用于占卜的大龟。
②节：斗拱，柱上承受大梁的方木。棁（zhuō）：梁上的短柱。

【译文】

孔子说："臧文仲把一只大乌龟养在屋子里，乌龟的居室有雕刻成山形的斗拱和绘有藻草的梁上短柱，他的聪明怎么是这个样呢？"

子张问曰："令尹子文三仕为令尹①，无喜色；三已之，无愠色。旧令尹之政，必以告新令尹。何如？"子曰："忠矣。"曰："仁矣乎？"曰："未知，焉得仁？"

"崔子弑齐君②，陈文子有马十乘③，弃而违之④。至于他邦,则曰:'犹吾大夫崔子也。'违之。之一邦,则又曰:'犹吾大夫崔子也。'违之。何如?"子曰:"清矣。"曰:"仁矣乎?"曰:"未知,焉得仁?"

【注释】

①令尹:楚国官名,相当于宰相。子文:姓斗,名縠於菟,字子文。

②崔子:指齐国大夫崔杼。弑:臣子杀死君主叫"弑"。齐君:齐庄公,名光。

③陈文子:齐国大夫。名须无。

④违:离开。

【译文】

子张问道:"令尹子文数次担任令尹,没显出高兴的样子,数次被罢免,也没显出怨恨的样子。他还必定把自己任令尹的政事告诉接替他的新令尹。他这个人怎么样呢?"孔子说:"这人忠啊。"子张问:"可以说是仁吗?"孔子说:"不知道,但怎么能算仁呢?"

子张又问:"崔子杀了齐庄公,陈文子虽有四十匹马,却舍弃不要,离开了齐国。到了别的国家,他说:'这里的执政者同我们齐国的大夫崔子一样。'又离去。再到一个国家,又说:'这里的执政者同我们齐国的大夫崔子一样。'还是离去。他这个人怎么样呢?"孔子说:"这人清啊。"子张问:"可以说是仁吗?"孔子说:"不知道,但怎么能算仁呢?"

季文子三思而后行①。子闻之,曰:"再②,斯可矣。"

【注释】

①季文子:鲁国大夫。季孙氏,名行父,谥号文。

②再:两次。

【译文】

季文子凡事要思考三次才行动。孔子听到了，说："思考两次，也就可以了。"

子曰："宁武子①，邦有道，则知；邦无道，则愚。其知可及也，其愚不可及也。"

【注释】

①宁武子：卫国大夫。姓宁，名俞，谥号武。

【译文】

孔子说："宁武子这个人，国家政治清明时，就很聪明；国家政治危乱时，则显得很愚笨。他的聪明别人可以达到，他的愚笨是别人达不到的。"

子在陈①，曰："归与！归与！吾党之小子狂简②，斐然成章③，不知所以裁之④。"

【注释】

①陈：国名。

②党：古代户籍编制单位，五百家为党。这里是家乡的意思。狂简：谓志向远大。简，大。

③斐然成章：意谓富有文采，文章可观。

④裁：裁剪。这里指对人才的教育培养。

【译文】

孔子在陈国，说："回去吧！回去吧！我家乡的那些学生怀有远大志向，文采斐然可观，我不知怎样去造就他们。"

子曰:"伯夷、叔齐不念旧恶①,怨是用希。"

【注释】

①伯夷、叔齐:商末孤竹君的两个儿子。孤竹君死后,两人因互让王
位而出逃。周武王伐纣,两人极力劝阻,武王灭商后,他们隐居首
阳山,不食周粟而死。

【译文】

孔子说:"伯夷、叔齐不记过去的仇恨,因此别人很少对他们有怨
恨。"

子曰:"孰谓微生高直①? 或乞醯焉②,乞诸其邻而与
之。"

【注释】

①微生高:鲁国人。姓微生,名高。

②醯(xī):醋。

【译文】

孔子说:"谁说微生高这个人直爽? 有人向他讨一点醋,他不直说没
有,却向邻居讨来给那个人。"

子曰:"巧言、令色、足恭①,左丘明耻之②,丘亦耻之。
匿怨而友其人,左丘明耻之,丘亦耻之。"

【注释】

①足:过分。

②左丘明:古代一位名人,或说此即《左传》作者,疑非是。

【译文】

孔子说："花言巧语,容色伪善,过度恭顺,这种态度,左丘明认为可耻,我也认为可耻。内心藏着怨恨,表面却与人友善,这种行为,左丘明认为可耻,我也认为可耻。"

颜渊、季路侍。子曰:"盍各言尔志①?"

子路曰:"愿车马衣轻裘与朋友共,敝之而无憾②。"

颜渊曰:"愿无伐善③,无施劳④。"

子路曰:"愿闻子之志。"

子曰:"老者安之,朋友信之,少者怀之。"

【注释】

①盍(hé):何不。

②轻:据考证,此字为后人所加。敝:破旧。

③伐:夸耀。

④施:显耀。

【译文】

颜渊、季路侍立在孔子身旁。孔子说:"你们何不各谈谈自己的志向?"

子路说:"我愿拿自己的车马衣服与朋友共同享用,用坏了也无憾恨。"

颜渊说:"我愿不夸耀自己的好处,不显扬自己的功劳。"

子路对孔子说:"我们也想听到您的志向。"

孔子说:"使老人得到安逸,使朋友们信任我,使年轻人怀念我。"

子曰:"已矣乎!吾未见能见其过而内自讼者也①。"

【注释】

①讼：责备。

【译文】

孔子说:"算了吧! 我没见过能看到自己的过错而在内心自责的人。"

子曰:"十室之邑, 必有忠信如丘者焉, 不如丘之好学也。"

【译文】

孔子说:"只要有十户人家聚居的地方, 一定会有像我这样忠心诚实的人, 不过是不像我这样爱好学习呀。"

雍也篇第六

【题解】

本篇共三十章。前十五章多为孔子与学生的交谈内容或评价学生的言论，后十五章内容比较泛，对于道、治政、学习、为人等一系列问题，从不同的角度皆有所论。值得注意的是，《论语》中孔子唯一一次直接说及"中庸"的言论即出现在本篇，孔子称"中庸之为德也，其至矣乎"，表明了他对"中庸"的高度肯定。所谓"中庸"，何晏在《论语集解》中说："庸，常也，中和可常行之德也。"《礼记·中庸》对中庸思想作了充分演绎，其中提出"执其两端，用其中于民"，又说"君子中庸，小人反中庸"。"中庸"的根本精神是避免极端，"中庸"既体现了真理的本质，又体现了真理在实行中的适度和协调，因而事物就能按正常规律得到切实有效地运行发展。虽然"中庸"二字在《论语》中只出现一次，但它体现的思想特征却充分反映在孔子的其他言论中。孔子提出的"过犹不及""和而不同""乐而不淫，哀而不伤"等观点，都是中庸思想的具体体现。

子曰："雍也可使南面^①。"

【注释】

①南面：古代以坐北朝南为尊位，帝王、诸侯、卿大夫听政皆面南而坐。这里指诸侯之位。

【译文】

孔子说:"雍啊,可以让他担起一国君王之任。"

仲弓问子桑伯子①。子曰:"可也,简。"

仲弓曰:"居敬而行简,以临其民,不亦可乎?居简而行简,无乃大简乎?"子曰:"雍之言然。"

【注释】

①子桑伯子:事迹不详。

【译文】

仲弓问到子桑伯子这个人。孔子说:"可以啊,他做事简单。"

仲弓说:"如果内心严肃认真,而行事则简单,这样来治理百姓,不也可以吗?如果是内心疏简而又行事简单,这不就太简单了吗?"孔子说:"雍说得对。"

哀公问:"弟子孰为好学?"孔子对曰:"有颜回者好学,不迁怒,不贰过。不幸短命死矣。今也则亡,未闻好学者也。"

【译文】

鲁哀公问孔子:"你的学生中哪个好学?"孔子答道:"一个叫颜回的学生好学,他有怒气不会发到别人身上,不会重犯同样的过失。他不幸短命死了。现在没有这样的人了,我没再听到有好学的人了。"

子华使于齐,冉子为其母请粟。子曰:"与之釜①。"

请益。曰:"与之庾②。"

冉子与之粟五秉③。

子曰："赤之适齐也，乘肥马，衣轻裘。吾闻之也：君子周急不继富。"

【注释】

①釜：古代量器名。容量六斗四升。

②庾（yǔ）：古代量名。合二斗四升。

③秉：古代量名。一秉为十六斛。一斛十斗。

【译文】

子华出使到齐国去，冉有替他母亲向孔子请求给予小米。孔子说："给她六斗四升。"

冉有请求增加一点。孔子说："再给她二斗四升。"

冉有却给了她八百斗小米。

孔子说："公西赤到齐国去，乘坐着壮马驾的车，穿着轻柔的皮袍。我听说的是：君子周济穷急的人，而不是为富有的人再增富。"

原思为之宰①，与之粟九百②，辞。子曰："毋！以与尔邻里乡党乎！"

【注释】

①原思：孔子学生。姓原，名宪，字子思。

②九百：其后没有量名，或说斛，或说斗。

【译文】

原思在孔子家任总管，孔子给他俸米九百，原思推辞不受。孔子说："不要推辞！有多余就接济你的乡邻吧！"

子谓仲弓，曰："犁牛之子骍且角①，虽欲勿用②，山川其舍诸？"

【注释】

①犁牛：耕牛。骍（xīng）：赤色。周朝尚赤，用作祭品的牲畜也要赤色。角：谓牛角长得周正。这也是选择牲畜作为祭品的条件。

②虽欲勿用：古代祭祀不用耕牛作为祭品，因此认为耕牛之子也不可用作祭品。用，即用以祭祀。

【译文】

孔子谈及仲弓，说："耕牛所生的小牛有赤色的皮毛和端正的两角，即使人们不想把它用于祭祀，但山川之神难道会舍弃它吗？"

子曰："回也，其心三月不违仁①，其余则日月至焉而已矣②。"

【注释】

①三月：泛言长久。

②日月：指短时间。

【译文】

孔子说："颜回呀，他的心长久地不背离仁，其他人只能是短时间地做到仁罢了。"

季康子问："仲由可使从政也与？"子曰："由也果，于从政乎何有？"

曰："赐也可使从政也与？"曰："赐也达，于从政乎何有？"

曰："求也可使从政也与？"曰："求也艺，于从政乎何有？"

【译文】

季康子问："仲由可以让他治理政事吗？"孔子说："仲由果敢决断，让他治理政事有什么困难呢？"

季康子又问:"端木赐可以让他治理政事吗?"孔子说:"端木赐通达事理,让他治理政事有什么困难呢?"

季康子再问:"冉求可以让他治理政事吗?"孔子说:"冉求多才多艺,让他治理政事有什么困难呢?"

季氏使闵子骞为费宰①。闵子骞曰:"善为我辞焉! 如有复我者,则吾必在汶上矣②。"

【注释】

①闵子骞:孔子学生。姓闵,名损,字子骞。费:地名。季氏封邑。

②汶上:即汶水以北。这里暗指齐国。汶,水名。在齐、鲁两国交界处。

【译文】

季氏派人请闵子骞任费邑的邑宰。闵子骞对来人说:"好好地替我推辞吧! 如果再来召我,那我一定逃到汶水北面去了。"

伯牛有疾①,子问之②,自牖执其手③,曰:"亡之,命矣夫! 斯人也而有斯疾也! 斯人也而有斯疾也!"

【注释】

①伯牛:孔子学生。姓冉,名耕,字伯牛。

②问:问候。

③牖(yǒu):窗户。

【译文】

伯牛有病,孔子去探望他,从窗户伸手进去,握着伯牛的手,说:"要失去这个人了,这是命啊! 这样的人竟得这种病! 这样的人竟得这种病!"

子曰:"贤哉,回也! 一箪食①,一瓢饮,在陋巷,人不堪其忧,回也不改其乐。贤哉,回也! "

【注释】

①箪(dān):盛饭的竹器。

【译文】

孔子说:"颜回多么有修养啊! 一箪饭,一瓢水,住在简陋的小巷,别人受不了这种穷困的忧苦,颜回却不改变他的快乐。颜回多么有修养啊! "

冉求曰:"非不说子之道,力不足也。"子曰:"力不足者,中道而废。今女画①。"

【注释】

①画:停止。

【译文】

冉求说:"不是我不喜欢您的学说,是我的力量不够。"孔子说:"如果力量不够,应是走到中途而停下来。你现在是还未用力就已经停止了。"

子谓子夏曰:"女为君子儒,无为小人儒! "

【译文】

孔子对子夏说:"你要做君子式的儒者,不要做小人式的儒者! "

子游为武城宰①。子曰:"女得人焉尔乎? "曰:"有澹台灭明者②,行不由径③,非公事,未尝至于偃之室也。"

【注释】

①武城：鲁国邑名。

②澹（tán）台灭明：姓澹台，名灭明，字子羽。后成为孔子学生。

③径：小路。这里喻指不正当的途径。

【译文】

子游任武城邑宰。孔子说："你在那里得到什么人才吗？"子游说："有一个叫澹台灭明的人，他走路不穿小道捷径，如不是公事，从不到我屋里来。"

子曰："孟之反不伐①，奔而殿②，将入门，策其马③，曰：'非敢后也，马不进也。'"

【注释】

①孟之反：鲁国大夫。反，亦作"侧"。伐：自夸。

②奔：败逃。殿：在最后。

③策：鞭打。

【译文】

孔子说："孟之反不夸耀自己，军队打仗败退，他留在最后作掩护，将进城门时，他却鞭打着马，说：'不是我敢于殿后，是我的马不肯快跑。'"

子曰："不有祝鲍之佞①，而有宋朝之美②，难乎免于今之世矣。"

【注释】

①祝鲍（tuó）：卫国大夫。字子鱼。佞：有口才。

②宋朝：宋国公子朝，容貌美丽。

【译文】

孔子说:"如果没有祝鮀那样的口才,而有宋朝那样的美貌,在当今之世是难免灾祸的。"

　子曰:"谁能出不由户?何莫由斯道也?"

【译文】

孔子说:"有谁能不经过门户走到屋外去呀?可为什么没有人从我这条道行走呢?"

　子曰:"质胜文则野①,文胜质则史②。文质彬彬③,然后君子。"

【注释】

①质:朴实。文:文采。

②史:指文辞繁多浮夸。

③彬彬:形容交杂而均和的样子。

【译文】

孔子说:"朴实胜过文采就会显得粗野,文采胜过朴实就会显得浮夸。文采与朴实两者兼备,这才是君子。"

　子曰:"人之生也直,罔之生也幸而免①。"

【注释】

①罔:枉曲,不正直。

【译文】

孔子说:"人能生存于世上是由于正直,而不正直的人也能生存,那只是侥幸地避免了祸害。"

子曰:"知之者不如好之者,好之者不如乐之者。"

【译文】

孔子说:"对于学问事业,懂得它的人不如喜好它的人,喜好它的人不如以它为乐的人。"

子曰:"中人以上,可以语上也;中人以下,不可以语上也。"

【译文】

孔子说:"中等才智以上的人,可以对他说高深的道理;中等才智以下的人,不可对他说高深的道理。"

樊迟问知。子曰:"务民之义①,敬鬼神而远之,可谓知矣。"

问仁。曰:"仁者先难而后获,可谓仁矣。"

【注释】

①务:致力。

【译文】

樊迟问怎样才算聪明。孔子说:"把力量用在人事方面的道义之上,尊敬鬼神而远离它,这可说是聪明的。"

樊迟又问怎样才是仁。孔子说:"有仁德的人遇到困难的时候做在前,获取成果的时候退在后,这可说是仁了。"

子曰:"知者乐水,仁者乐山。知者动,仁者静。知者乐,仁者寿。"

【译文】

孔子说:"智者喜好水,仁者喜好山。智者好动,仁者沉静。智者快乐,仁者长寿。"

子曰:"齐一变,至于鲁;鲁一变,至于道。"

【译文】

孔子说:"齐国一行变革,可以达到鲁国的程度;鲁国一行变革,可以达到与道相合的程度。"

子曰:"觚不觚①,觚哉! 觚哉!"

【注释】

①觚(gū):古代酒器。或说觚本当上圆下方,其上有棱角,后去除棱角而制成圆形,故孔子有此叹。另说觚本容酒二升或三升,其后增大了容量,故孔子叹息。

【译文】

孔子说:"觚而没有觚的样子,这也叫觚啊! 这也叫觚啊!"

宰我问曰:"仁者,虽告之曰'井有仁焉',其从之也?"子曰:"何为其然也? 君子可逝也①,不可陷也;可欺也,不可罔也②。"

【注释】

①逝：往。

②罔：迷惑。

【译文】

宰我问道："一个有仁德的人，如告诉他'井里掉下去一个仁人'，他会跟着跳下去吗？"孔子说："为什么这么做呢？君子可以到井边去设法救人，但不可自己也陷入井中；可以受骗前往，但不可被迷惑而跳入井中。"

子曰："君子博学于文，约之以礼，亦可以弗畔矣夫①。"

【注释】

①畔：通"叛"。

【译文】

孔子说："君子广泛地学习文献典籍，并以礼约束自己，也就能不背离道了。"

子见南子①，子路不说。夫子矢之曰②："予所否者③，天厌之！天厌之！"

【注释】

①南子：卫灵公夫人。当时把持着卫国朝政，且有淫乱行为。

②矢：发誓。

③所：假如，常用于誓词中。否：意谓不合道义。

【译文】

孔子去见了南子，子路对此不高兴。孔子发誓说："假如我做得不对，天会厌弃我！天会厌弃我！"

子曰:"中庸之为德也①,其至矣乎! 民鲜久矣。"

【注释】

①中庸:孔子倡导的道德标准,即中和可常行之道。中,表示无过无
　不及。庸,平常。

【译文】

孔子说:"中庸这一道德,应该是至高无上的了! 人们缺乏这一道德
已经很久了。"

子贡曰:"如有博施于民而能济众,何如? 可谓仁乎?"
子曰:"何事于仁①! 必也圣乎! 尧、舜其犹病诸②! 夫仁者,
己欲立而立人,己欲达而达人。能近取譬③,可谓仁之方也
已④。"

【注释】

①事:止,仅。

②病:难,不易。

③取譬:寻取比喻。这里的比喻指由自己出发而比方到别人,即上
　"己欲立而立人,己欲达而达人"的意思。

④方:方法,途径。

【译文】

子贡说:"如果有人能对民众广施恩惠,能周济民众,怎么样? 可以
说是仁吗?"孔子说:"岂止是仁啊! 一定是圣德了! 恐怕尧、舜也会觉
得难以做到吧! 那仁者啊,自己想立身于世,也使别人立身,自己想做事
通达,也使别人通达。能从眼前的实际事情这样去做,可说是实行仁
道的途径了。"

述而篇第七

【题解】

　　本篇共三十八章，比较集中地记录了孔子在文化、教育方面的言行。孔子对古代文化充满了敬仰和神往，"述而不作，信而好古"，是他对待古文化的原则。显然，这一传承原则与孔子的政治理想是一致的，正是在这样的原则指导下，孔子整理编撰了《春秋》《诗》《书》《礼》《乐》《易》等重要文献，在中国传统文化领域作出了辉煌的贡献。而他事实上对传统文化在理论和认识观念上的开拓创新，也载入了思想文化史册。孔子在教育方面的实践和总结同样给后人留下了宝贵的财富。他提出的"有教无类""因材施教""诲人不倦""举一反三"等一系列教学原则和教学方法，至今仍有重要的实践价值。本篇还记述了孔子对富贵的认识观念。孔子并不笼统地排斥富贵，关键是富贵的获得必须合于道义，否则，就像他所表示的："不义而富且贵，于我如浮云。"孔子的思考既体现了一贯的道德原则，也并不偏颇。

　　子曰："述而不作①，信而好古，窃比于我老彭②。"

【注释】

①作：创始，创作。

②老彭：商朝贤大夫，名见《大戴礼记》。据传他好述古事。

【译文】

孔子说："只阐述典籍而不进行创作,相信且爱好古代文化,我私下把自己比作老彭。"

子曰:"默而识之①,学而不厌,诲人不倦,何有于我哉?"

【注释】

①识(zhì):记住。

【译文】

孔子说:"默默地把所见所闻记在心中,努力学习而不厌弃,教导别人不知疲倦,这些事我做到了哪些呢?"

子曰:"德之不修,学之不讲,闻义不能徙①,不善不能改,是吾忧也。"

【注释】

①徙:迁移。这里指迁而从义。

【译文】

孔子说:"品德不加培养,求学问不进行讲习,听到义不能相从,有缺点不能改正,这些是我忧虑的事。"

子之燕居①,申申如也,夭夭如也②。

【注释】

①燕居:闲居。

②申申、夭夭:都是形容舒畅和乐的样子。

【译文】

孔子在家闲居时,是那样的舒畅,那样的和乐。

子曰:"甚矣吾衰也!久矣吾不复梦见周公①!"

【注释】

①周公:姓姬,名旦。周文王的儿子,周武王的弟弟,鲁国始祖。

【译文】

孔子说:"我真是衰老得厉害了!我很长时间没再梦见周公了!"

子曰:"志于道,据于德,依于仁,游于艺①。"

【注释】

①艺:指古代教育学生的科目,即礼、乐、射、御、书、数六艺。

【译文】

孔子说:"志向在道上,据守在德上,依靠在仁上,游憩在艺上。"

子曰:"自行束脩以上①,吾未尝无诲焉。"

【注释】

①束脩(xiū):十条干肉。脩,脯,即干肉。十条脯为一束。这是古人入学拜师的薄礼。一说"束脩"指束带修饰之礼。今从前说。

【译文】

孔子说:"凡自己带着十条干肉来求见的,我从没有不予教诲的。"

子曰:"不愤不启①,不悱不发②。举一隅不以三隅反③,则不复也。"

【注释】

①愤：心欲求通而未能做到的意思。

②悱（fěi）：口想说而不能说出来的样子。

③隅：指方形物体的角。反：类推。

【译文】

孔子说："教导学生，不到他力求明白而未能明白的时候，我不去开导他；不到他想说却又说不出的时候，我不去启发他。对他举出一个角，他不能推知另外三个角，我就不再教他了。"

子食于有丧者之侧，未尝饱也。

【译文】

孔子在有丧事的人旁边吃饭，从来没有吃饱过。

子于是日哭，则不歌。

【译文】

孔子在那一天哭泣过，就不再唱歌。

子谓颜渊曰："用之则行，舍之则藏①，惟我与尔有是夫。"

子路曰："子行三军②，则谁与③？"

子曰："暴虎冯河④，死而无悔者，吾不与也。必也临事而惧，好谋而成者也。"

【注释】

①舍：舍弃。

②三军：按周制，诸侯大国有中、上、下三军。这里指军队。

③与：陪从，偕同。

④暴虎：徒手与虎搏斗。冯（píng）河：不乘船而徒步过河。

【译文】

孔子对颜渊说："如用我，我就做事，如不用我，我就藏身，只有我和你能够这样吧。"

子路说："您若率领军队，那么与谁共事呢？"

孔子说："徒手斗虎，徒步过河，死了都不后悔的人，我不会与他共事。与我共事的一定是遇事小心谨慎，善于谋略而能成事的人。"

子曰："富而可求也，虽执鞭之士①，吾亦为之。如不可求，从吾所好。"

【注释】

①执鞭之士：古代执鞭有两种人，一是为高官开道的差役，一是市场的守门人。这里指贱职。

【译文】

孔子说："财富如果可以求得，虽是执鞭贱职，我也愿意做。如果不可求得，还是做我喜欢的事情。"

子之所慎：齐①，战，疾。

【注释】

①齐：同"斋"。古人在祭祀或重要典礼前整洁身心，表示庄敬，称为"斋"或"斋戒"。

【译文】

孔子谨慎对待三件事：斋戒，战争，疾病。

子在齐闻《韶》，三月不知肉味，曰："不图为乐之至于斯也。"

【译文】

孔子在齐国听到《韶》乐，很长时间感觉不出肉的滋味，他说："真没想到音乐之美会达到这样的境界。"

冉有曰："夫子为卫君乎①？"子贡曰："诺，吾将问之。"

入，曰："伯夷、叔齐何人也②？"曰："古之贤人也。"曰："怨乎？"曰："求仁而得仁，又何怨？"

出，曰："夫子不为也。"

【注释】

①为：帮助。卫君：指卫出公蒯辄，卫灵公的孙子，太子蒯聩的儿子。蒯聩因得罪灵公的夫人南子而逃往晋国。灵公死，即立蒯辄为君。晋国把蒯聩送回卫，欲借此侵略卫，因而卫国拒绝蒯聩回国。

②伯夷、叔齐：前已有注。其父孤竹君死，两人为互让王位而出逃，这与卫国父子争君位的情况正成对照，故子贡借此事了解孔子对卫出公的态度。

【译文】

冉有说："老师会帮助卫君吗？"子贡说："是啊，我去问问他。"

子贡走进孔子屋里，说："伯夷、叔齐是怎么样的人呢？"孔子说："是古代的贤人。"子贡说："他们有怨恨吗？"孔子说："他们追求仁而得到了仁，又怨恨什么？"

子贡出来后说："老师是不会帮助卫君的。"

子曰："饭疏食饮水①，曲肱而枕之②，乐亦在其中矣。

不义而富且贵，于我如浮云。"

【注释】

①疏食：粗粝的饭食。

②肱（gōng）：手臂。

【译文】

孔子说："吃粗粮，喝清水，弯着手臂当作枕头，快乐也就在其中啊。如不合道义而得来的富贵，对于我如同浮云一样。"

子曰："加我数年，五十以学《易》①，可以无大过矣。"

【注释】

①《易》：书名。古代用于卜筮。

【译文】

孔子说："给我增加几年寿命，让我在五十岁的时候去学《易》，就可以没有大的过失了。"

子所雅言①，《诗》《书》、执礼，皆雅言也。

【注释】

①雅言：指当时中国通行的语言，与方言相对。

【译文】

孔子有用雅言的时候，读《诗》《书》，以及执行礼事，都用雅言。

叶公问孔子于子路①，子路不对。

子曰："女奚不曰：'其为人也，发愤忘食，乐以忘忧，不知老之将至云尔。'"

【注释】

①叶公：楚国大夫。姓沈，名诸梁，字子高，为叶县尹。

【译文】

叶公向子路问孔子的为人，子路不知如何对答。

孔子说："你为什么不这样说：'他的为人啊，发愤而忘了吃饭，快乐而忘记忧愁，不知道衰老将要到来，如此而已。'"

子曰："我非生而知之者，好古，敏以求之者也。"

【译文】

孔子说："我不是生来就有知识的人，而是爱好古代文化，勤奋敏捷地去求得它的人。"

子不语怪、力、乱、神。

【译文】

孔子不谈论怪异、强力、叛乱、鬼神。

子曰："三人行，必有我师焉。择其善者而从之，其不善者而改之。"

【译文】

孔子说："三人同行，其中一定有人可以做我的老师。我择取他们的优点而学习效法，看到他们的缺点而借鉴改正。"

子曰："天生德于予，桓魋其如予何①？"

【注释】

①桓魋(tuí)：宋国司马向魋，因是宋桓公的后代，所以称"桓魋"。据《史记·孔子世家》，孔子经过宋国，与弟子在大树下习礼，桓魋欲杀孔子，弟子催孔子快离去，孔子说了此话。

【译文】

孔子说："天让我生有这样的品德，桓魋又能把我怎么样？"

子曰："二三子以我为隐乎？吾无隐乎尔。吾无行而不与二三子者①，是丘也。"

【注释】

①与：这里是示的意思。

【译文】

孔子说："你们这些学生以为我有所隐瞒吗？我对你们没有什么隐瞒的。我没有一事不向你们公开，这就是我孔丘的为人。"

子以四教：文、行、忠、信。

【译文】

孔子以四项内容教育学生：文献、德行、忠心、诚信。

子曰："圣人，吾不得而见之矣；得见君子者，斯可矣。"
子曰："善人，吾不得而见之矣；得见有恒者，斯可矣。亡而为有，虚而为盈，约而为泰①，难乎有恒矣。"

【注释】

①泰：奢侈。

【译文】

孔子说："圣人，我是不能看见了；能看见君子，就可以了。"

又说："善人，我是不能看见了；能看见保持操守的人，就可以了。本来没有却装作有，本来空虚却装作充实，本来穷困却装作豪奢，这样的人是很难保持操守的。"

子钓而不纲①，弋不射宿②。

【注释】

①纲：网上的大绳。这里指捕鱼的方式，即以纲系住网截断水流，并在绳上挂钩以取鱼。

②弋：用带丝绳的箭来射。宿：指歇宿巢中的鸟。

【译文】

孔子钓鱼，不用大绳系住网钩截流取鱼；孔子射鸟，不射在巢中栖息的鸟。

子曰："盖有不知而作之者，我无是也。多闻，择其善者而从之；多见而识之；知之次也①。"

【注释】

①知之次：《季氏篇》第九章孔子云："生而知之者上也，学而知之者次也。"这里说的"知之次"即指"学而知之者"，这是比较"生而知之者"而言。

【译文】

孔子说："大概有一种无知却凭空造作的人吧，我没有这种毛病。多多地听，选取那好的便依从它；多多地看，把看到的记在心里。这样学得知识，仅次于那种生来就知的情况。"

互乡难与言^①，童子见，门人惑。子曰："与其进也^②，不与其退也，唯何甚？人洁己以进，与其洁也，不保其往也。"

【注释】

①互乡：地名。据说其地民风不善。

②与：赞许。

【译文】

互乡这个地方的人难于交谈，但那里一个少年得到了孔子的接见，学生们疑惑不解。孔子说："我是赞许他的进步，不是赞许他的退步，何必把事情做得太过分呢？别人怀着洁身自好的想法来了，我赞许他的就是洁身自好的态度，不是确保他过去的表现。"

子曰："仁远乎哉？我欲仁，斯仁至矣。"

【译文】

孔子说："仁离我们很远吗？我想行仁，仁就来了。"

陈司败问^①："昭公知礼乎^②？"孔子曰："知礼。"

孔子退，揖巫马期而进之^③，曰："吾闻君子不党^④，君子亦党乎？君取于吴^⑤，为同姓^⑥，谓之吴孟子^⑦。君而知礼，孰不知礼？"

巫马期以告。子曰："丘也幸，苟有过，人必知之。"

【注释】

①陈：国名。司败：官名，即司寇。或说"陈司败"是人名。

②昭公：鲁昭公，名稠，一作"裯"。

③巫马期：孔子学生。姓巫马，名施，字子期。

④党：偏私。

⑤取：同"娶"。

⑥为同姓：鲁是周公后代，吴是太伯后代，都是姬姓。根据礼制，同
　　姓不能通婚。

⑦吴孟子：春秋时，国君夫人的称号应是她本国国名加上她的姓，因
　　此昭公夫人应该称吴姬，现在为了回避同姓而婚的事实，故省去
　　"姬"而有此称，"孟子"可能是这位夫人的字。

【译文】

陈司败问孔子："鲁昭公懂得礼吗？"孔子答道："懂礼。"

孔子出去后，陈司败向巫马期作了个揖，请他走近自己，说："我听说
君子没有偏私，难道君子也会偏私吗？鲁君从吴国娶了夫人，这是同姓
国家，为掩饰而称她为吴孟子。如果鲁君也算懂礼，那还有谁不懂礼？"

巫马期把这些话告诉孔子。孔子说："我很幸运啊，若有过错，人家
一定会知道。"

子与人歌而善，必使反之，而后和之。

【译文】

孔子与人一起唱歌，如唱得好，必定让人再唱一遍，然后和他一同唱。

子曰："文，莫吾犹人也①。躬行君子，则吾未之有得。"

【注释】

①莫：表示揣测，或许，大概。

【译文】

孔子说："就书本上的学问而言，大概我与别人差不多。但身体力行
地做一个君子，我还没有达到。"

子曰:"若圣与仁,则吾岂敢? 抑为之不厌,诲人不倦,则可谓云尔已矣。"公西华曰:"正唯弟子不能学也。"

【译文】

孔子说:"若说圣与仁,我怎么敢当? 我只是学习工作从不厌烦,教诲别人从不疲倦,可说就是如此罢了。"公西华说:"这正是我们弟子学不到的。"

子疾病①,子路请祷。子曰:"有诸?"子路对曰:"有之。《诔》曰②:'祷尔于上下神祇③。'"子曰:"丘之祷久矣。"

【注释】

①疾病: 轻者称疾,重者称病,这里二字连用表示病重。

②诔(lěi): 为生者所作的祈祷文。

③祇(qí): 地神。

【译文】

孔子病重,子路请求为他祈祷。孔子说:"有这事吗?"子路回答:"有的。《诔》中说:'为你向天神地祇祈祷。'"孔子说:"我已经祈祷很久了。"

子曰:"奢则不孙①,俭则固②。与其不孙也,宁固。"

【注释】

①孙: 通"逊"。

②固: 固陋。

【译文】

孔子说:"豪奢就会显得傲慢,省俭就会显得固陋。与其傲慢,宁可固陋。”

子曰:"君子坦荡荡,小人长戚戚。"

【译文】

孔子说:"君子心胸平坦宽广,小人经常局促忧愁。"

子温而厉,威而不猛,恭而安。

【译文】

孔子温和而严厉,威严而不刚猛,恭敬而安详。

泰伯篇第八

【题解】

本篇共二十一章，比较集中的内容有两个方面：一是记录孔子对尧、舜、禹等古代圣君的赞美，二是连续五章记录了曾参的言论。其他记述的孔子言谈则泛及礼乐、治政、学习、品格等内容。孔子一再称颂古代圣君，实质上是表达对现实政治的期待，古圣贤的道德表现，正反衬出当今统治者的严重不足。孔子一向认为，居于当政的地位，自然有别于被统治的普通百姓，他理应具备相应的品性，担当起相应的责任。从这个意义看，孔子"民可使由之，不可使知之"的主张也就比较容易理解。统治者应该高度负责地把握政事，那么普通百姓只要执行即可，百姓是不需要也不应该议政干政的。这是孔子一贯的思想逻辑。本篇"不在其位，不谋其政"一语，是从另一个角度表达的同一个道理。不过后世学者对上一语的理解存在较多争议，有的对"民"的内涵作别一种解释，有的把句子断为"民可，使由之；不可，使知之"等，这样，语意就变得截然不同。显然，这些理解都希望回避原句中显露出来的愚民思想。关于曾参，因《论语》中唯他与有若基本上都以"子"尊称，故有人以为《论语》出于曾参、有若的弟子所记。后《孟子》对曾参事迹有较多记载，宋、明儒者遂有曾参、子思、孟子为儒学正传的说法，不过此说并无有力的证据。但有一点是肯定的，曾参后来授徒讲学，对儒学的传扬确实起了重要作用。

子曰："泰伯①，其可谓至德也已矣。三以天下让②，民无得而称焉。"

【注释】

①泰伯：周朝祖先古公亶父长子，也作"太伯"。古公另有二子仲雍、季历。据传古公因见季历贤明，且其子姬昌有圣德，欲传位于季历，于是太伯偕同仲雍出逃至勾吴，后又创造各种条件使季历合理继承王位。姬昌即后来的周文王。

②天下：指中国全部土地，当时周室仅为一个部落，这是以后来周实现了天下统一而言之。

【译文】

孔子说："泰伯，可说是具有最高的道德了。他屡次辞让王位，老百姓真不知道用什么语言来称颂他。"

子曰："恭而无礼则劳，慎而无礼则葸①，勇而无礼则乱，直而无礼则绞②。君子笃于亲，则民兴于仁；故旧不遗，则民不偷③。"

【注释】

①葸（xǐ）：畏惧，胆怯。

②绞：急切，偏激。

③偷：轻薄，不厚道。这里特别指人与人感情的冷漠。

【译文】

孔子说："只讲恭敬而不知礼，就会劳倦不安；只讲谨慎而不知礼，就会胆怯懦弱；只讲勇敢而不知礼，就会犯上作乱；只讲直率而不知礼，就会偏激刺人。君子对亲族感情深厚，百姓就会兴起仁风；君子不遗弃故交旧友，百姓就不会冷漠无情。"

曾子有疾，召门弟子曰："启予足①！启予手！《诗》云：'战战兢兢，如临深渊，如履薄冰②。'而今而后，吾知免夫！小子！"

【注释】

①启：通"跟"，视。

②"战战兢兢"三句：见《诗经·小雅·小旻》。

【译文】

曾子病了，他把自己的学生召集到身边，对他们说："看看我的脚！看看我的手！《诗经》说：'小心谨慎啊，好像身临深渊旁，好像行走薄冰上。'从今以后，我知道自己是可以免于刑戮毁伤了！学生们！"

曾子有疾，孟敬子问之①。曾子言曰："鸟之将死，其鸣也哀；人之将死，其言也善。君子所贵乎道者三：动容貌，斯远暴慢矣；正颜色，斯近信矣；出辞气，斯远鄙倍矣②。笾豆之事③，则有司存④。"

【注释】

①孟敬子：鲁国大夫仲孙捷。

②倍：通"背"，指违背道理。

③笾（biān）豆：古代用于祭祀的两种礼器，"笾"为竹器，"豆"为木器。

④有司：主管某方面事务的官吏。

【译文】

曾子病了，孟敬子去探望他。曾子对他说："鸟快死了，它的叫声是悲哀的；人快死了，他说的话是善意的。君子所重视的事有三个方面：使自己容貌严肃，就可远离粗暴懈怠；使自己神色端庄，就近于真诚可信；使自己言辞和顺，就可远离粗蛮无理。至于仪礼的具体事宜，自有主管人员去承担。"

曾子曰："以能问于不能，以多问于寡；有若无，实若虚，犯而不校①。昔者吾友尝从事于斯矣②。"

【注释】

①校：计较。

②吾友：前人多以为指颜回。

【译文】

曾子说："虽则有才能却向没有才能的人请教，虽则知识丰富却向知识贫乏的人请教；有就像没有一样，充实就像虚空一样，即使受人侵犯也不计较。以前我的一个朋友曾是这样做的。"

曾子曰："可以托六尺之孤①，可以寄百里之命②，临大节而不可夺也，君子人与？君子人也。"

【注释】

①六尺之孤：指未成年的孤儿。古代尺短，身长六尺一般指十五岁以下孩童。

②百里：指诸侯国。

【译文】

曾子说："可以把幼小的孤儿托付于他，可以把国家的政令托付于他，面临紧要关节不会动摇屈服，这样的人是君子吗？是君子啊。"

曾子曰："士不可以不弘毅①，任重而道远。仁以为己任，不亦重乎？死而后已，不亦远乎？"

【注释】

①弘：心胸宽广。毅：坚毅。

【译文】

曾子说："士不可以不宽宏坚毅，因为他们责任重大，路途遥远。把实现仁道作为自己的责任，这不是很重大吗？一直到死才卸下重任，这不是很遥远吗？"

子曰："兴于诗，立于礼，成于乐。"

【译文】

孔子说："诗激发人的心志，礼使人立身于社会，乐使人所学得以完成。"

子曰："民可使由之，不可使知之。"

【译文】

孔子说："对于百姓，可以使他们遵照道理去做，不可使他们知道为什么这样做。"

子曰："好勇疾贫①，乱也。人而不仁，疾之已甚，乱也。"

【注释】

①疾：厌恶，憎恨。

【译文】

孔子说："喜好勇力而厌恶贫困，就会生乱。对于不仁之人痛恨得过分，也会生乱。"

子曰:"如有周公之才之美,使骄且吝,其余不足观也已。"

【译文】

孔子说:"如果一个人有周公那样优秀的才能,但他骄傲而且吝啬,那其他方面也就不值得一看了。"

子曰:"三年学,不至于谷①,不易得也。"

【注释】

①谷:古代以谷米为俸禄。这里指做官得禄。

【译文】

孔子说:"读书三年,还没有产生做官的心念,这是很难得的。"

子曰:"笃信好学,守死善道。危邦不入,乱邦不居。天下有道则见①,无道则隐。邦有道,贫且贱焉,耻也;邦无道,富且贵焉,耻也。"

【注释】

①见:同"现"。

【译文】

孔子说:"信念坚定而且好学,宁死也坚守大道。不进入局势危急的国家,不居住在动荡混乱的国家。天下政治清明就出来效力,天下政治黑暗就隐居。国家政治清明,自己却身处贫贱,这是耻辱;国家政治黑暗,自己却享有富贵,这也是耻辱。"

子曰:"不在其位,不谋其政。"

【译文】

孔子说："不在那个职位上，就不考虑那方面政事。"

子曰："师挚之始①，《关雎》之乱②，洋洋乎盈耳哉③！"

【注释】

①师挚：乐师，名挚，为鲁国的乐师之长。始：乐曲的开始，古代叫"升歌"，一般由乐官之长太师演奏。

②乱：乐曲的末章。

③洋洋：形容乐声的美盛。

【译文】

孔子说："从太师挚开始演奏乐曲起，到乐曲末章演奏《关雎》，美妙的乐声充满我的耳中！"

子曰："狂而不直，侗而不愿①，悾悾而不信②，吾不知之矣。"

【注释】

①侗（tóng）：幼稚无知。愿：质朴。

②悾悾（kōng）：诚恳的样子。

【译文】

孔子说："狂妄而不直率，幼稚而不朴实，貌似诚恳而没有诚信，我真不能懂得这样的人。"

子曰："学如不及，犹恐失之。"

【译文】

孔子说："学习时总觉得像赶不上，学得了还总怕再丢失。"

子曰："巍巍乎！舜、禹之有天下也而不与焉①。"

【注释】

①禹：夏朝开国君主，据传受舜禅让而得位。不与：不相关。这里表示处之泰然，不以得位为乐。或说这是指舜、禹任贤使能，不亲自干预具体政事。

【译文】

孔子说："这是多么崇高伟大啊！舜、禹得有天下，却好像与他们个人不相关一样。"

子曰："大哉尧之为君也！巍巍乎！唯天为大，唯尧则之①。荡荡乎！民无能名焉。巍巍乎其有成功也，焕乎其有文章②！"

【注释】

①则：效法。

②文章：指礼乐制度等。

【译文】

孔子说："尧这样的君王多么伟大啊！多么崇高啊！只有天是最大的，只有尧能效法天。多么宽广啊！百姓不知该如何称颂他。他的功绩真壮伟啊，他的礼乐制度真辉煌啊！"

舜有臣五人而天下治。武王曰："予有乱臣十人①。"孔子曰："才难，不其然乎？唐、虞之际②，于斯为盛③。有妇人焉，九人而已。三分天下有其二^④，以服事殷。周之德，其可谓至德也已矣。"

【注释】

①乱：治。

②唐、虞：即尧、舜。尧曾封于唐，故称"唐尧"，舜曾封于虞，故称"虞舜"。

③斯：指周武王时。

④三分天下有其二：据传当时天下分为九州，周文王有六州，占三分之二。

【译文】

舜有五位贤臣而使天下得到治理。周武王说："我有十位能治理天下的臣子。"孔子说："人才难得啊，难道不是这样吗？在尧、舜之际，以及周武王那个时候，人才算最兴盛了。而武王的十个臣子中还有一个是妇女，实际上只能算九个人罢了。周文王的时候得有天下的三分之二，但还以臣的身份事奉殷朝。周朝的道德，可说是最高尚的了。"

子曰："禹，吾无间然矣^①。菲饮食而致孝乎鬼神^②，恶衣服而致美乎黻冕^③，卑宫室而尽力乎沟洫^④。禹，吾无间然矣。"

【注释】

①间（jiàn）：空隙。这里指可以非议的不足之处。

②菲：微薄。

③黻（fú）冕：古代祭祀时穿戴的礼服礼帽。

④卑：低矮。沟洫：田间水道，指农田水利。

【译文】

孔子说:"禹啊,我对他是没有什么可批评的了。他自己的饮食粗陋,却尽心于鬼神的祭祀;自己的穿着破旧,却把祭服做得很华美;自己的住房低矮,却尽力于农田水利。禹啊,我对他是没有什么可批评的了。"

子罕篇第九

【题解】

本篇共三十一章，从各个方面记述了孔子的德行，除了孔子本人的言论，也多有他人对孔子的评说。虽然内容丰富，孔子的政治理想、为人、学识等都有所涉及，不过细加寻绎，还是能看到本篇最核心的内容则是如何在一个变化万端的社会中安身立命的问题。孔子重视把握人类发展规律，并严格掌控自我以适应客观规律，正是这样，他始终保持着高昂的人生态度，也正是这样，才使得他的言行能够超越内在的思想局限，而对后人久远地产生影响。本篇首章提出的论点是学界讨论较多的一个问题。孔子"罕言利"是不言而喻的，在《里仁篇》，孔子说："君子喻于义，小人喻于利。"这表明了他重义轻利的基本态度。但孔子并非绝对地排斥利，关键在于利的获得不能违背道义。至于孔子罕言"命"与"仁"的问题，则众说纷纭，甚至有截然相反的解释，难以取得统一。

子罕言利与命与仁①。

【注释】

①罕：少。与：连词。一说赞许，如作此说，那么句子在"利"后断开。今从前说。

【译文】

孔子很少谈到利、命和仁。

达巷党人曰①:"大哉孔子! 博学而无所成名。"子闻之,谓门弟子曰:"吾何执? 执御乎? 执射乎? 吾执御矣。"

【注释】

①达巷: 地名。

【译文】

达巷这个地方有人说:"孔子真伟大! 他学识渊博,而不以一项专长来树立名声。"孔子听到后,对学生们说:"我专干哪一项呢? 驾车吗? 射箭吗? 我还是驾车吧。"

子曰:"麻冕,礼也。今也纯①,俭,吾从众。拜下②,礼也。今拜乎上,泰也③。虽违众,吾从下。"

【注释】

①纯: 黑丝。

②拜下: 指臣见君的行礼,先在堂下磕头,然后再到堂上磕头。

③泰: 骄纵。

【译文】

孔子说:"礼帽用麻料制作,这合乎礼的规定。现在用丝料制作,这样省俭一些,我赞同大家的做法。臣见君,在堂下跪拜磕头,这合乎礼的规定。现在要到堂上才跪拜磕头,这是傲慢的表现。虽然违背大家的做法,我仍然坚持在堂下跪拜磕头的主张。"

子绝四: 毋意, 毋必, 毋固, 毋我。

【译文】

孔子绝无四种毛病: 不凭空揣测,不主观臆断,不固执己见,不唯我为是。

子畏于匡①。曰:"文王既没,文不在兹乎?天之将丧斯文也,后死者不得与于斯文也②。天之未丧斯文也,匡人其如予何?"

【注释】

①子畏于匡:孔子离开卫国前往陈国时,途经匡。匡人曾受到鲁人阳虎的掠杀,孔子容貌与阳虎相像,匡人误把孔子认作阳虎,因此囚禁了他。畏,拘囚。匡,地名。

②后死者:孔子自谓。

【译文】

孔子被拘禁于匡地。他说:"文王死了以后,传下来的文化不在我这里吗?天若要使这些文化丧失不传,我也不会掌握这些文化。天若不想让这些文化丧失,那匡人又能把我怎么样呢?"

太宰问于子贡曰①:"夫子圣者与?何其多能也?"子贡曰:"固天纵之将圣②,又多能也。"

子闻之,曰:"太宰知我乎!吾少也贱,故多能鄙事。君子多乎哉?不多也。"

【注释】

①太宰:官名。其人不详。

②纵:赋予。将:大。

【译文】

太宰向子贡问道:"你们先生是一位圣人吗?他怎么有那么多才技呢?"子贡说:"是上天赋予他大圣之德,又使他多有才技。"

孔子听到后,说:"太宰知道我呀!我小时候贫贱,所以学会很多鄙贱的技艺。一个君子会学那么多技艺吗?不会的。"

牢曰①:"子云:'吾不试②,故艺。'"

【注释】

①牢:孔子学生。姓琴,名牢,字子开,一字子张。因不见于《史记·仲尼弟子列传》,或以为不是孔子学生。

②试:任用。

【译文】

牢说:"孔子说:'我没有为世所用,所以学了不少技艺。'"

子曰:"吾有知乎哉?无知也。有鄙夫问于我,空空如也。我叩其两端而竭焉①。"

【注释】

①叩:询问。竭:尽。

【译文】

孔子说:"我有知识吗?没有啊。有一个浅陋的人来向我提问,我对他的问题一无所知。我就从问题的本末终始这样两端向他询问,直至把问题全部搞清楚。"

子曰:"凤鸟不至①,河不出图②,吾已矣夫③!"

【注释】

①凤鸟:即凤凰。古代传说中的神鸟,常作为圣王受命的瑞兆。

②河:黄河。出图:传说伏羲时黄河中有龙马负图而出,后也作为圣

王受命的吉兆。

③已：停止。

【译文】

孔子说："凤凰不飞来了，黄河不出图了，我的一生没有希望了吧！"

子见齐衰者、冕衣裳者与瞽者①，见之，虽少，必作②，过之，必趋③。

【注释】

①齐衰（zī cuī）：用粗麻布制成的丧服。冕衣裳者：指穿戴整齐的贵族。冕，指贵族所戴的礼帽。衣，上衣。裳，下衣。瞽（gǔ）：眼睛失明。

②作：站起，表示敬意。

③趋：快走，表示敬意。

【译文】

孔子遇到穿丧服的人、穿戴着官服礼帽的人和盲人，与他们相见时，即使他们很年轻，也一定由座位上站起来，经过他们面前时，一定快走几步。

颜渊喟然叹曰①："仰之弥高②，钻之弥坚。瞻之在前，忽焉在后。夫子循循然善诱人③，博我以文，约我以礼，欲罢不能。既竭吾才，如有所立卓尔④，虽欲从之，末由也已⑤。"

【注释】

①喟（kuì）然：长叹的样子。

②弥：更加。

③循循然：有顺序的样子。

④卓尔：高峻的样子。

⑤末：无。

【译文】

颜渊感叹道："老师的道，抬头仰视，越觉其高，用力钻研，越觉其深。望过去似在前面，忽然间又似在后面。老师有步骤地引导着我，用文献来丰富我的学识，用礼节来约束我的行为，令我想停下来也不可能。我已经竭尽全力，但它如在面前高高地耸立着，虽想攀从，却觉无路可由。"

子疾病，子路使门人为臣①。病间②，曰："久矣哉，由之行诈也！无臣而为有臣。吾谁欺？欺天乎？且予与其死于臣之手也，无宁死于二三子之手乎！且予纵不得大葬，予死于道路乎？"

【注释】

①臣：家臣。为卿大夫家所有。

②病间：病稍愈。

【译文】

孔子病重，子路让孔子的学生以家臣的身份，预备料理丧事。孔子病渐愈，说："仲由做这种欺假的事很久了吧！我不应该有家臣而装作有家臣，我欺骗谁呢？欺骗天吗？我与其死在家臣手里，还不如死在你们学生手里！而且我纵使不能用卿大夫的盛大葬礼，难道我会死在路上没人葬吗？"

子贡曰："有美玉于斯，韫椟而藏诸①？求善贾而沽诸②？"子曰："沽之哉！沽之哉！我待贾者也。"

【注释】

①韫(yùn)：藏。椟(dú)：木匣。

②贾(gǔ)：商人。沽：卖。

【译文】

子贡说："如果有一块美玉在这里，是放在匣中藏起来呢？还是找一个识货的商人卖掉呢？"孔子说："卖掉它啊！卖掉它啊！我等待着识货的人呢。"

子欲居九夷①。或曰："陋，如之何？"子曰："君子居之，何陋之有？"

【注释】

①九夷：指东方少数民族居住的地方。

【译文】

孔子想到九夷去居住。有人说："那里非常鄙陋，怎么能住？"孔子说："有君子去住了，哪里还会鄙陋呢？"

子曰："吾自卫反鲁①，然后乐正，《雅》《颂》各得其所②。"

【注释】

①反：同"返"。

②《雅》《颂》：《诗经》中的两类诗，主要根据乐曲性质分类。

【译文】

孔子说："我从卫国回到鲁国，然后对乐曲作了整理订正，使《雅》《颂》两类诗各有了适当的安置。"

子曰："出则事公卿，入则事父兄，丧事不敢不勉，不为酒困，何有于我哉？”

【译文】

　　孔子说：“在外事奉公卿，在家事奉父兄，对丧事不敢不尽力去办，不要被酒困扰，这些事对于我有什么困难呢？”

　　　子在川上，曰：“逝者如斯夫！不舍昼夜①。”

【注释】

　　①舍：停留，止息。

【译文】

　　孔子在河边，说：“流逝的时光像这河水一样呀！日夜不停地流去。”

　　　子曰：“吾未见好德如好色者也。”

【译文】

　　孔子说：“我没有见过喜爱道德如同喜爱美貌一样的人。”

　　　子曰：“譬如为山，未成一篑①，止，吾止也。譬如平地，虽覆一篑，进，吾往也。”

【注释】

　　①篑（kuì）：盛土的竹筐。

【译文】

　　孔子说：“好比积土堆山，只差一筐土就可堆成了，然而停止了，那是我自己停息下来的。好比在平地堆山，虽然才倒上一筐土，但继续堆下去，那是我自己在往前努力。”

子曰:"语之而不惰者,其回也与!"

【译文】

孔子说:"我对他说话时始终不懈怠地听讲的,大概只有颜回一个人吧!"

子谓颜渊,曰:"惜乎!吾见其进也,未见其止也。"

【译文】

孔子谈到颜渊,说:"可惜他死了呀!我只看见他不断进步,没见他停下来过。"

子曰:"苗而不秀者有矣夫①!秀而不实者有矣夫!"

【注释】

①秀:禾类植物开花抽穗。

【译文】

孔子说:"庄稼有出苗而不开花抽穗的吧!有开花抽穗而不结实的吧!"

子曰:"后生可畏,焉知来者之不如今也?四十、五十而无闻焉,斯亦不足畏也已。"

【译文】

孔子说:"年轻人令人畏惧,怎么知道他们的将来比不上现在这辈人呢?如果人到四五十岁还没有声望,那他也不值得畏惧了。"

子曰："法语之言①，能无从乎？改之为贵。巽与之言②，能无说乎？绎之为贵③。说而不绎，从而不改，吾末如之何也已矣。"

【注释】

①法：指礼法正道。

②巽：恭顺。与：称赞。

③绎：寻绎，分析。

【译文】

孔子说："正言相告的话，能不听从吗？但听后改正错误才可贵。谦恭赞许的话，听了能不高兴吗？但听后要分析才可贵。高兴而不加分析，听从而不加改正，这种人我就对他没办法了。"

子曰："主忠信。毋友不如己者。过则勿惮改。"①

【注释】

①此章重出，已见《学而篇》第八章。

【译文】

孔子说："为人要以忠信为主。不要与不同于自己的人交友。有了过失，就不要害怕改正。"

子曰："三军可夺帅也，匹夫不可夺志也①。"

【注释】

①匹夫：指平民中的男子。

【译文】

孔子说："军队可被夺去主帅，一个男子却不可被夺走志向。"

子曰："衣敝缊袍^①，与衣狐貉者立^②，而不耻者，其由也与？'不忮不求，何用不臧^③？'"子路终身诵之。子曰："是道也，何足以臧？"

【注释】

①缊（yùn）袍：用旧丝绵絮制成的袍子。或说以乱麻为絮的袍子。

②狐貉（hé）：指用狐貉皮制成的皮袍。

③"不忮（zhì）不求"两句：语见《诗经·邶风·雄雉》。忮，嫉妒。臧，善，好。

【译文】

孔子说："穿着破旧的丝绵袍与穿着狐貉皮袍的人站在一起，而不感到羞惭的，恐怕只有仲由吧？《诗经》中说：'不嫉妒，不贪求，做什么还会不好？'"子路听了总是念诵这两句诗。孔子说："仅做到这点，哪里就能说是很好了？"

子曰："岁寒，然后知松柏之后雕也^①。"

【注释】

①雕：同"凋"。

【译文】

孔子说："到严寒的时候，才知道松柏是最后凋零的。"

子曰："知者不惑，仁者不忧，勇者不惧。"

【译文】

孔子说："聪明的人不迷惑，仁德的人不忧愁，勇敢的人不畏惧。"

子曰:"可与共学,未可与适道^①;可与适道,未可与立;可与立,未可与权^②。"

【注释】

①适:往,到。

②权:变通,即权衡利弊轻重,因事制宜。

【译文】

孔子说:"可共同学习的人,未必可共同走向道;可共同走向道的人,未必可共同依道立身;可共同依道立身的人,未必可共同通权达变。"

"唐棣之华,偏其反而。岂不尔思?室是远而^①。"子曰:"未之思也,夫何远之有?"

【注释】

①"唐棣之华"四句:这是逸诗,不见于今《诗经》。唐棣,一种植物。华,花朵。偏其反而,花朵摆动的样子。偏,通"翩"。反,翻。

【译文】

古诗中说:"唐棣树的花,翩翩翻舞。难道我不想你吗?是我住处太遥远。"孔子说:"还是没有想念,真要想念,有什么遥远的呢?"

乡党篇第十

【题解】

本篇原为一章,现分为二十七节。着重记录孔子在各种场合的神貌举止,尤其详尽地叙写了孔子在朝廷、宗庙等重要场所的一举一动。这犹如礼的演示,具体反映出礼制在仪态形表上的严格要求,对于考察礼制文化有一定的文献价值。此外,孔子平素衣食住行中的神情意态在本篇也得到生动的记叙。孔子倡导周礼直接关联着他的政治理想,但礼的本质体现又往往离不开仪式表象。春秋时代周礼日益衰败,原有的等级秩序遭到破坏,而变化的端倪常常首先在礼仪形式上表露出来。这就是孔子特别注重礼制外在形态的社会原因。孔子自身一丝不苟地遵循礼制,从他的行为表现中,能够形象地领悟到他对礼的作用的期待,体会到他主张克己复礼的意义所在,同时也能感受到他对人与人和谐相处的真诚希冀。本篇末节与全篇内容很不一致,读之令人费解,前人解释多有歧义,朱熹认为"必有阙文,不可强为之说"(《论语集注》)。

孔子于乡党,恂恂如也①,似不能言者。

其在宗庙朝廷,便便言②,唯谨尔。

【注释】

①恂恂(xún):温和恭顺的样子。

②便便(pián):形容语言流畅。

【译文】

孔子在本土乡里显得温和恭顺，好像不善言辞一样。

他在宗庙朝廷，说话明白流畅，只是很谨慎。

朝，与下大夫言^①，侃侃如也；与上大夫言，訚訚如也^②。君在，踧踖如也^③，与与如也^④。

【注释】

①下大夫：职官名。卿以下的大夫。卿即上大夫。

②訚訚（yín）：恭敬而正直的样子。

③踧踖（cù jí）：恭敬而不安的样子。

④与与：仪容合度的样子。

【译文】

孔子上朝时，与下大夫说话，显得温和快乐；与上大夫说话，显得恭敬正直。君主临朝，孔子显得恭敬不安，仪容合度。

君召使摈^①，色勃如也^②，足躩如也^③。揖所与立，左右手，衣前后，襜如也^④。趋进，翼如也。宾退，必复命曰："宾不顾矣^⑤。"

【注释】

①摈：通"傧"，迎接宾客。

②勃：脸色变得庄重的样子。

③躩（jué）：快步走的样子。

④襜（chān）：整齐的样子。

⑤不顾：不回头。这里表示走远。

【译文】

君主召孔子去接待宾客，孔子的脸色便庄重起来，行走时步履疾速。他向同立于身边的人作揖，或向左或向右地拱手，衣服前后摆动，显得整齐不乱。快步向前走的时候，如鸟舒展翅膀一样。宾客辞别后，孔子必定向君主禀报说："客人已经走远了。"

入公门，鞠躬如也①，如不容。
立不中门，行不履阈②。
过位，色勃如也，足躩如也，其言似不足者。
摄齐升堂③，鞠躬如也，屏气似不息者。
出，降一等④，逞颜色⑤，怡怡如也。
没阶，趋进，翼如也。
复其位，踧踖如也。

【注释】

①鞠躬：这里形容恭敬谨慎的样子。
②阈（yù）：门槛。
③摄：提起。齐（zī）：衣服下摆。
④等：指台阶的层级。
⑤逞：舒展。

【译文】

孔子走进朝廷大门，显得恭敬谨慎，好像门容不下身子的样子。
他不站在门的中间，进去时不踩门槛。
经过国君的座位，便脸色庄重，脚步加快，说话也好像力气不足的样子。
他提起衣服下摆向堂上走，恭敬谨慎，好像屏气不呼吸的样子。
出来后，走下一级台阶，脸色舒展，怡然自得。

走完台阶，即快步行进，好像鸟儿展翅一样。

回到自己的座位上，又显出恭敬不安的样子。

　　执圭①，鞠躬如也，如不胜。上如揖，下如授。勃如战色，足蹜蹜如有循②。

　　享礼③，有容色。

　　私觌④，愉愉如也。

【注释】

①圭：一种玉器。上圆下方，举行典礼时君臣手中所执。这里指大臣出使邻国时，执圭以示君命。

②蹜蹜(sù)：脚步小而密。

③享礼：呈献礼品的仪式。享，献。

④觌(dí)：相见。

【译文】

　　孔子出使邻国，手中握着圭，恭敬谨慎，好像举不起来的样子。他举圭向上如同作揖，执圭向下如同授物与人。脸色庄重好像战战兢兢，脚步细密好像沿着线在前行。

　　在呈献礼物的仪式上，他容光焕发。

　　在私人会见时，他和颜悦色。

　　君子不以绀緅饰①，红紫不以为亵服②。

　　当暑，袗絺绤③，必表而出之。

　　缁衣④，羔裘⑤；素衣，麑裘⑥；黄衣，狐裘。

　　亵裘长，短右袂⑦。

　　必有寝衣⑧，长一身有半。

　　狐貉之厚以居⑨。

去丧，无所不佩。

非帷裳⑩，必杀之⑪。

羔裘玄冠不以吊⑫。

吉月⑬，必朝服而朝。

【注释】

①绀（gàn）：深青透红的颜色，这是祭服的颜色。緅（zōu）：比绀更暗的一种颜色，这是丧服的颜色。饰：镶边。

②红紫：是当时贵重的颜色。或说红紫不是正色。今从前说。亵服：家居衣服。

③袗（zhěn）：单衣。絺（chī）：细葛布。绤（xì）：粗葛布。

④缁（zī）衣：黑色上衣。古代的皮衣毛向外，外需加罩衣，且颜色当与皮衣毛色相同。这里的"缁衣"及以下"素衣""黄衣"均指套在皮衣外的罩衣。缁，黑色。

⑤羔裘：指黑色的羊毛皮衣。

⑥麑（ní）：小鹿，毛白色。

⑦短右袂：把右边的衣袖做短些，便于做事。袂，袖子。

⑧寝衣：即被子。

⑨居：坐。

⑩帷裳：上朝和祭祀时穿的礼服，用整幅布制成，有多余的布缝成褶子，不加裁剪。

⑪杀：裁去。

⑫玄冠：黑色的礼帽。羔裘玄冠都是吉服，故不可穿着去吊丧。

⑬吉月：正月。这里指正月初一。或说每月初一。

【译文】

君子不用深青透红和黑中透红的颜色作衣服的镶边，不用红色紫色作家居的衣服。

夏天，穿细葛布或粗葛布做的单衣，但如果出去则一定套上外衣。

黑色的外套配羔羊皮袄，白色的外套配小鹿皮袄，黄色的外套配狐皮袄。

居家穿的皮袄做得较长，但把右边袖子做得短些。

睡觉一定要有被子，长度为身长再过半。

用狐貉的厚毛做坐垫。

丧期满了以后，什么饰物都可佩带在身上。

只要不是上朝和祭祀须整幅布制作的礼服，一定裁去多余的布。

不穿戴黑色羔裘和黑色礼帽去吊丧。

正月初一，一定穿着上朝礼服去朝见君主。

齐，必有明衣^①，布。

齐必变食^②，居必迁坐^③。

【注释】

①明衣：浴衣。

②变食：改变日常饮食，主要指不饮酒、不吃葱蒜等。

③迁坐：改变卧室，即从平常所居的燕寝移至正寝。

【译文】

斋戒时，一定要有浴衣，要用布做的。

斋戒时一定要改变平常的饮食，一定要改变居住的卧室。

食不厌精，脍不厌细^①。

食饐而餲^②，鱼馁而肉败^③，不食。色恶，不食。臭恶^④，不食。失饪，不食。不时，不食。割不正，不食。不得其酱，不食。

肉虽多，不使胜食气^⑤。惟酒无量，不及乱。

沽酒市脯不食⑥。

不撤姜食，不多食。

【注释】

①脍：细切的鱼肉。

②饐 (yì)、餲 (ài)：都指食物经久而腐臭。

③馁 (něi)：鱼腐烂。败：肉腐烂。

④臭 (xiù)：气味。

⑤食气 (xì)：饭料，主食。气，同"饩 (xì)"，指食物。

⑥市：买。脯 (fǔ)：干肉。

【译文】

粮食不嫌舂得精，鱼、肉不嫌切得细。

粮食霉烂，鱼、肉腐臭，不吃。食物颜色变得难看，不吃。气味变得难闻，不吃。烹调不当，不吃。不到饮食时间，不吃。不按定规切割的肉，不吃。调味的酱醋不合适，不吃。

席上肉品虽多，但吃肉的量不超过主食。只有酒不限量，但不能喝醉。

买来的酒和肉干不吃。

饭后留着姜不撤，但也不多吃。

祭于公，不宿肉①。祭肉不出三日②。出三日，不食之矣。

【注释】

①不宿肉：古代国君祭祀，大夫、士有助祭之礼，祭礼结束，国君把祭肉赐与助祭之臣，这些肉在祭礼上已放置数日，因此不可再存放一夜。宿，过夜。

②祭肉：指家祭的肉。

【译文】

参加国君举行的祭祀典礼，所得的祭肉不能再存放一夜。家祭的肉存放不能超过三天。如果超过三天，就不再吃了。

食不语，寝不言。

【译文】

吃饭时不交谈，睡觉时不说话。

虽疏食菜羹①，必祭②，必齐如也③。

【注释】

①疏食：粗粝的饭食。菜羹：蔬菜做的汤。

②必：一本作"瓜"，当以"必"为是。祭：这里指古代饭前的一种祭礼，即将席上食品各取少许，置于食器之间，用以祭先代发明饮食的人，表示不忘本。

③齐：同"斋"，严肃恭敬的样子。

【译文】

虽然是粗粝的饭食和蔬菜汤，在用餐前也一定先行祭礼，而且一定是恭恭敬敬的。

席不正，不坐。

【译文】

坐席放得不端正，不坐。

乡人饮酒①，杖者出②，斯出矣。

【注释】

①乡人饮酒：指古代乡饮酒礼。

②杖者：指老人。

【译文】

举行乡饮酒礼后，等老人都出去了，自己才出去。

乡人傩①，朝服而立于阼阶②。

【注释】

①傩（nuó）：古代驱逐疫鬼的仪式。

②阼（zuò）阶：东阶。这是主人站立的地方。

【译文】

乡人举行驱逐疫鬼的仪式，便穿着朝服站在东边的台阶上。

问人于他邦①，再拜而送之②。

【注释】

①问：问候。

②再拜：古代一种礼节，手据地，俯首但不至于手，这样拜两次。

【译文】

托人向别国的友人问候，对受托者拜两次而送别。

康子馈药，拜而受之。曰："丘未达①，不敢尝。"

【注释】

①达：通晓，明白。

【译文】

季康子送药给孔子，孔子拜谢接受。说："我不知道这药的药性，不敢尝一尝。"

厩焚①。子退朝，曰："伤人乎？"不问马。

【注释】

①厩：马棚。

【译文】

孔子家的马棚失火了。孔子从朝廷回来，问："伤了人吗？"没有问到马。

君赐食，必正席先尝之。君赐腥①，必熟而荐之②。君赐生，必畜之。

侍食于君，君祭，先饭③。

【注释】

①腥：生肉。

②荐：进奉。这里指向祖先供奉。

③先饭：在君行祭礼时先吃饭，是表示为君尝食的意思。

【译文】

国君赐熟食，必定摆正席位，先尝一尝。国君赐生肉，必定在烧熟后先向祖先进供。国君赐活物，必定畜养起来。

侍奉国君一起吃饭，当国君进行饭前祭礼的时候，自己先尝饭食。

疾，君视之，东首①，加朝服，拖绅②。

【注释】

①东首：即头朝东躺着。这里表示正面对着国君。

②绅：古代士大夫束在腰间的大带，一端下垂。

【译文】

孔子生病了，国君来探视，孔子头朝东面，把上朝的礼服披在身上，拖着大带。

君命召，不俟驾行矣。

【译文】

国君召唤，孔子不等驾好马车，就先步行前往。

入太庙，每事问。①

【注释】

①此章重出，已见《八佾篇》第十五章。

【译文】

孔子进周公庙，对每件事都发问。

朋友死，无所归，曰："于我殡①。"

【注释】

①殡：停放灵柩待葬。这里泛指丧葬事务。

【译文】

朋友死了，没有人收殓，孔子说："由我来料理丧事。"

朋友之馈，虽车马，非祭肉，不拜。

【译文】

朋友的馈赠，即使是车马，但只要不是祭肉，孔子在接受时不行拜礼。

寝不尸，居不客①。

【注释】

①居：居家。客：一本作"容"。当以"客"为是。

【译文】

睡觉时不像尸体那样直挺着，平日居家不用像做客或待客那样恭敬。

见齐衰者，虽狎必变①。见冕者与瞽者，虽亵必以貌②。
凶服者式之③。式负版者④。
有盛馔，必变色而作⑤。
迅雷风烈必变。

【注释】

①狎（xiá）：亲近。

②亵：常相见。

③凶服：丧服。式：通"轼"，车前横木，可让乘者凭扶。

④版：国家图籍。

⑤作：立起。

【译文】

看见穿丧服的人，即使是很熟悉的，一定改变神情以示哀悼。看见戴着礼帽的人和盲人，即使常常相见，一定显得很礼貌。

在车上遇到穿丧服的人，一定俯身凭轼致哀。遇见背负国家图籍的人就俯身凭轼致敬。

遇有丰盛的宴席，一定改变神色起立致意。

遇有疾雷大风，一定改变神色以示敬畏。

升车，必正立，执绥①。
车中不内顾，不疾言，不亲指。

【注释】

①绥（suí）：登车用的扶手带。

【译文】

孔子上车时，一定先端正地站好，再握着扶手带登车。

在车中，不回头看，不很急地说话，不以手指指点点。

色斯举矣①，翔而后集②。曰："山梁雌雉③，时哉时哉！"
子路共之④，三嗅而作⑤。

【注释】

①举：飞起。

②集：鸟栖止于树上。

③雉：鸟名，即野鸡。

④共：通"拱"。

⑤嗅：当作"狊（jú）"，鸟张两翅。

【译文】

野鸡一见人的脸色不善就高高飞起，盘旋一阵然后停在树上。孔子说："山梁上的这些野鸡，识时宜呀！识时宜呀！"子路对它们拱拱手，它们拍打着翅膀又飞走了。

先进篇第十一

【题解】

　　本篇共二十六章,集中记录了孔子与学生共同相处的情况。除了第一与第二十一章,其他各章的内容都与孔子的学生直接相关,其中既有孔子对他们的教诲之辞,也记述了一些具体的事件。孔子在首章明确指出,真正有用于国家的人才,往往不是依靠祖荫登上仕途的那些人,而是通过学习,依靠真才实学获取官位的人。因而孔子的学生多为平民子弟,这突破了官府、贵族垄断教育垄断文化的状况。同时,孔子对学生的教育也多落在道德品质的培养上。当时特定的教学条件和教学方式,使孔子与学生朝夕相处,师生之间平等融洽,教学活动贯穿在日常生活中,孔子的思想与人格对学生发生着潜移默化的影响。本篇多有师生共处的场景再现,尤其末章,人物神态生动,个性鲜明,常作为最具文学性的代表作而选入各种作品选本中。

　　子曰:“先进于礼乐①,野人也②;后进于礼乐,君子也③。如用之,则吾从先进。”

【注释】

①先进于礼乐:指先学礼乐而后做官的人。下“后进于礼乐”则指先得官然后再学礼乐的人。或说“先进”“后进”指先辈后辈,以先进有古朴之风,故称“野人”。今从前说。

②野人：指没有爵禄的士人。

③君子：这里指可享父兄庇荫的卿大夫子弟。

【译文】

孔子说："先学习礼乐而后做官的，是一般的士人；先有官位而后学习礼乐的，是卿大夫的子弟。如果我选用人才，那么我用先学习礼乐的人。"

子曰："从我于陈、蔡者①，皆不及门也②。"

【注释】

①陈、蔡：皆国名。孔子曾被困于陈、蔡之间，粮食断绝，随从的学生饿得走不动路。

②门：指孔子门下。一说指仕进之门。今从前说。

【译文】

孔子说："跟随我在陈、蔡两国间受困的学生，现在都不在我这里了。"

德行：颜渊，闵子骞，冉伯牛，仲弓。言语：宰我，子贡。政事：冉有，季路。文学：子游，子夏。

【译文】

孔子学生中德行突出的：颜渊，闵子骞，冉伯牛，仲弓。擅长言辞表达的：宰我，子贡。善于政事的：冉有，季路。熟悉古代文献的：子游，子夏。

子曰："回也非助我者也，于吾言无所不说。"

【译文】

孔子说："颜回啊，他不是一个有助于我的人，他对我所说的话无不心悦诚服。”

子曰:“孝哉闵子骞! 人不间于其父母昆弟之言。”

【译文】

孔子说:“闵子骞真是孝顺啊! 人们对于他父母兄弟称赞他的话都没有异议。”

南容三复白圭①,孔子以其兄之子妻之。

【注释】

①白圭: 白玉制的礼器。这里指《诗经·大雅·抑》中关于白圭的诗句:“白圭之玷,尚可磨也。斯言之玷,不可为也。”意谓白圭上的污点尚可磨去,但言语中的错误无法去掉。

【译文】

南容反复吟诵关于白圭的那几句诗,孔子把自己的侄女嫁给了他。

季康子问:“弟子孰为好学?”孔子对曰:“有颜回者好学,不幸短命死矣,今也则亡。”

【译文】

季康子问:“你的学生中谁好学?”孔子答道:“一个叫颜回的学生好学,不幸短命死了,现在没有这样的人了。”

颜渊死,颜路请子之车以为之椁①。子曰:“才不才,亦各言其子也。鲤也死②,有棺而无椁。吾不徒行以为之椁。以吾从大夫之后③,不可徒行也。”

【注释】

①颜路：颜回的父亲，名无繇，字路，也是孔子学生。椁（guǒ）：古代棺材有两层，内层为棺，外层为椁。

②鲤：孔子的儿子，名鲤，字伯鱼，年五十死。

③从大夫之后：孔子在鲁国曾任司寇一职，是大夫之位，故有此说。当时孔子已不在位。

【译文】

颜渊死了，他父亲颜路请求孔子卖掉车子为颜渊做椁。孔子说："不管有才能还是无才能，说来总是自己的儿子。我的儿子鲤死的时候，也是只有棺而没有椁。我不能卖了车徒步行走来为他置椁。因为我曾身居大夫之列，不可以徒步出行。"

颜渊死。子曰："噫！天丧予！天丧予！"

【译文】

颜渊死了。孔子说："唉！天亡我啊！天亡我啊！"

颜渊死，子哭之恸①。从者曰："子恸矣！"曰："有恸乎？非夫人之为恸而谁为？"

【注释】

①恸：极度悲哀。

【译文】

颜渊死了，孔子哭得极度悲哀。跟随孔子的人说："您过于悲哀了！"孔子说："是过于悲哀了吗？我不为这样的人悲哀，还为什么人悲哀呢？"

颜渊死，门人欲厚葬之。子曰："不可。"

门人厚葬之。子曰："回也视予犹父也，予不得视犹子也。非我也，夫二三子也。"

【译文】

颜渊死了，孔子的学生们想厚葬他。孔子说："不可以。"

学生们还是很隆重地安葬了他。孔子说："颜回呀，他把我当作父亲一样，我却无法把他当作儿子一样。这不是我的主张，是这些学生这样做呀。"

季路问事鬼神。子曰："未能事人，焉能事鬼？"

曰："敢问死。"曰："未知生，焉知死？"

【译文】

季路问如何奉事鬼神。孔子说："还不能够奉事人，怎么能够奉事鬼呢？"

季路又问："我大胆地问问死是怎么回事？"孔子说："还不懂得生，怎么懂得死？"

闵子侍侧，訚訚如也；子路，行行如也①；冉有、子贡，侃侃如也。子乐。"若由也，不得其死然"。

【注释】

①行行（hàng）：刚强的样子。

【译文】

闵子骞站在孔子身旁，显出恭敬正直的样子；子路显出刚强的样子；冉有、子贡显出温和快乐的样子。孔子很快乐。他说："像仲由呀，怕不能够善终呢。"

　　鲁人为长府①。闵子骞曰："仍旧贯②，如之何？何必改作？"子曰："夫人不言，言必有中。"

【注释】

①长府：鲁国藏财货的府库名。

②仍：沿袭。贯：事情。

【译文】

　　鲁国改建贮藏财货的长府。闵子骞说："照原来的样子又怎么样呢？何必改建呢？"孔子说："这个人不大说话，一说话就切中要害。"

　　子曰："由之瑟奚为于丘之门①？"门人不敬子路。子曰："由也升堂矣②，未入于室也③。"

【注释】

①瑟：古代一种拨弦乐器。

②堂：正厅，在房屋前面。

③室：内室，在厅后面。

【译文】

　　孔子说："仲由为什么要到我这里来弹瑟呢？"于是学生们不尊重子路。孔子解释说："仲由的学问已经登入堂中，只是还没有入室罢了。"

　　子贡问："师与商也孰贤？"子曰："师也过，商也不及。"曰："然则师愈与？"子曰："过犹不及。"

【译文】

子贡问："颛孙师和卜商哪一个更好些？"孔子说："颛孙师有些过度，卜商有些及不上。"

子贡说："那么是颛孙师好一些吗？"孔子说："过度和及不上是一样的。"

季氏富于周公①，而求也为之聚敛而附益之②。子曰："非吾徒也。小子鸣鼓而攻之③，可也。"

【注释】

①周公：有二说，一说周公旦，另一说指在周朝任卿士的周公后代。

②附益：增加。

③小子：指学生。

【译文】

季氏比周公还富有，而冉求还替他敛取钱财，增加他的财富。孔子说："冉求不是我的学生。你们这些学生尽可击鼓声讨他。"

柴也愚①，参也鲁，师也辟②，由也喭③。

【注释】

①柴：孔子学生。姓高，名柴，字子羔。

②辟：偏激。

③喭（yàn）：刚猛。

【译文】

高柴愚直，曾参鲁钝，颛孙师偏激，仲由刚猛。

子曰："回也其庶乎①，屡空。赐不受命②，而货殖焉③，亿则屡中④。"

【注释】

①庶：将近，差不多。

②不受命：古代经商皆由官方掌管。这里指不受命于官，自以财货经商牟利。一说命即天命。今从前说。

③货殖：经商营利。

④亿：臆测，猜度。

【译文】

孔子说："颜回的道德学问差不多了吧，可是常常极度贫困。端木赐未受官方之命而私自经商牟利，他对市场行情的猜度却常常准确。"

子张问善人之道。子曰："不践迹，亦不入于室。"

【译文】

子张问善人怎么样。孔子说："善人不踩着别人的足迹走，但他的道德学问也难以精深入室。"

子曰："论笃是与①，君子者乎？色庄者乎？"

【注释】

①论笃是与："与论笃"的倒装句。与，赞许。

【译文】

孔子说："总是对言论实在的人表示赞许，但他是真正的君子呢？还是表面上做出庄重的样子呢？"

子路问："闻斯行诸？"子曰："有父兄在，如之何其闻斯行之？"

冉有问："闻斯行诸？"子曰："闻斯行之。"

公西华曰："由也问闻斯行诸，子曰'有父兄在'；求也问闻斯行诸，子曰'闻斯行之'。赤也惑，敢问。"子曰："求也退，故进之。由也兼人①，故退之。"

【注释】

①兼人：指勇力胜过他人。

【译文】

子路问："听到了就该行动吗？"孔子说："有父兄在，怎么能一听到就擅自行动呢？"

冉有问："听到了就该行动吗？"孔子说："听到了就行动。"

公西华说："仲由问听到了就该行动吗，您说'有父兄在'；冉求问听到了就该行动吗，您说'听到了就行动'。我对此迷惑不解，大胆地来问问。"孔子说："冉求容易退缩，所以要鼓励他。仲由好勇过人，所以要抑制他。"

子畏于匡，颜渊后。子曰："吾以女为死矣。"曰："子在，回何敢死？"

【译文】

孔子被拘禁于匡地，颜渊因失散最后才到。孔子说："我以为你死了。"颜渊说："您还活着，我怎么敢死呢？"

季子然问①："仲由、冉求可谓大臣与？"子曰："吾以子为异之问，曾由与求之问。所谓大臣者，以道事君，不可则止。今由与求也，可谓具臣矣②。"

曰："然则从之者与？"子曰："弑父与君③，亦不从也。"

【注释】

①季子然：季氏的子弟。

②具臣：备位充数的臣。

③弑（shì）：臣子杀死君主或子女杀死父母称"弑"。

【译文】

季子然问："仲由、冉求可以算是大臣吗？"孔子说："我以为你会问别的人，竟是问由和求啊。所谓大臣，应该用大道来事奉君主，如果行不通，宁可辞职不干。如今由与求啊，只可算是备位充数的臣子罢了。"

季子然又问："那么他们会一切听从任用他们的人吗？"孔子说："弑父弑君的事，他们也不会听从的。"

子路使子羔为费宰。子曰："贼夫人之子①。"

子路曰："有民人焉，有社稷焉②，何必读书，然后为学？"

子曰："是故恶夫佞者。"

【注释】

①贼：害。

②社稷：土神和谷神。

【译文】

子路让子羔去当费邑邑宰。孔子说："这是害了人家的儿子。"

子路说："那里有百姓，有土神谷神，为什么一定要读书才算是学习呢？"

孔子说："所以我讨厌那种强词夺理的人。"

子路、曾皙、冉有、公西华侍坐①。

子曰:"以吾一日长乎尔,毋吾以也。居则曰②:'不吾知也!'如或知尔,则何以哉?"

子路率尔而对曰③:"千乘之国,摄乎大国之间④,加之以师旅,因之以饥馑⑤,由也为之,比及三年⑥,可使有勇,且知方也⑦。"

夫子哂之⑧。

"求!尔何如?"

对曰:"方六七十⑨,如五六十⑩,求也为之,比及三年,可使足民。如其礼乐,以俟君子。"

"赤!尔何如?"

对曰:"非曰能之,愿学焉。宗庙之事,如会同⑪,端章甫⑫,愿为小相焉⑬。"

"点!尔何如?"

鼓瑟希⑭,铿尔⑮,舍瑟而作,对曰:"异乎三子者之撰⑯。"

子曰:"何伤乎⑰?亦各言其志也。"

曰:"莫春者⑱,春服既成,冠者五六人⑲,童子六七人,浴乎沂⑳,风乎舞雩㉑,咏而归。"

夫子喟然叹曰:"吾与点也!"

三子者出,曾皙后。曾皙曰:"夫三子者之言何如?"

子曰:"亦各言其志也已矣。"

曰:"夫子何哂由也?"

曰:"为国以礼,其言不让,是故哂之。"

"唯求则非邦也与㉒?"

"安见方六七十如五六十而非邦也者?"

"唯赤则非邦也与?"

"宗庙会同,非诸侯而何?赤也为之小,孰能为之大?"

【注释】

①曾皙（xī）：曾参父亲，名点，字皙，也是孔子的学生。

②居：平日家居。

③率尔：急遽的样子。

④摄：迫，夹箝。

⑤因：继。

⑥比及：等到。

⑦方：指道义。

⑧哂（shěn）：微笑。

⑨方：古代一种面积计量方式，表示纵横的长度。

⑩如：或。

⑪会同：诸侯会盟。

⑫端：一种礼服名。章甫：一种礼帽名。

⑬相（xiàng）：祭祀、会盟时司仪赞礼的职务，小相为此职的最低级。

⑭希：同"稀"，指瑟声稀疏。

⑮铿（kēng）尔：弹瑟结束时的声音。

⑯撰：才具。

⑰伤：妨害。

⑱莫春：即暮春，农历三月。莫，同"暮"。

⑲冠者：指成年人。古代男子二十岁举行冠礼。

⑳沂（yí）：水名。在今山东曲阜南。

㉑舞雩（yú）：鲁国祭天求雨的场所，在曲阜东南。

㉒唯：语首词，无义。

【译文】

子路、曾皙、冉有、公西华陪坐在孔子身边。

孔子说："我的年龄比你们大一些，但你们不要因此受到拘束而不敢讲话。平日你们总是说：'没有人了解我呀！'如果有人了解且任用你们，你们会怎么做呢？"

子路不假思索地回答说："一个拥有千辆兵车的国家，夹在大国之间，外有别国侵略，内有灾年饥荒，让我去治理，只要三年，就可以使人们充满勇气，而且懂得道义。"

孔子微微一笑。

又问："冉求！你怎么样？"

冉求答道："一个边界以六七十里或五六十里见方的小国，让我去治理，只要三年，可以使人们富足。至于礼乐方面的事，那只有等待君子来实施了。"

孔子问："公西赤！你怎么样？"

公西赤答道："我不敢说能做到，但我愿意这样学习。宗庙祭祀或是诸侯会盟，我愿意穿戴着礼服礼帽，做一个小司仪。"

孔子又问："曾点！你怎么样？"

曾皙正在弹瑟，这时瑟声渐疏，然后"铿"的一声停止了，他推开瑟站起来说："我和他们三人的才志不同。"

孔子说："这有什么关系呢？只是各人说说自己的志向罢了。"

曾皙说："暮春时节，已经可以穿春装了，我和五六个成人，六七个孩子，在沂水中洗洗，在舞雩被风吹拂着，然后吟唱着回来。"

孔子长叹一声说："我赞同曾点的志向啊。"

子路等三人走出去了，曾皙走在最后。他问孔子："他们三人所说的怎么样？"

孔子说："也就是各人说说自己的志向罢了。"

曾皙问："您为什么对仲由的话笑了呢？"

孔子说："治理国家讲求礼让，可是他的话一点不谦虚，所以我笑了。"

曾皙说："那么冉求说的不是国家吗？"

孔子说："怎么见得六七十里或五六十里见方的地域就不是一个国

家呢?"

　　曾皙说:"公西赤所说的不是国家吗?"

　　孔子说:"宗庙祭祀和诸侯会盟,不是国家的事又是什么?如果公西赤只能做小司仪,那谁还能做大司仪呢?"

颜渊篇第十二

【题解】

本篇共二十四章,所论包括仁、礼、政事、用人、断狱、交友等诸多内容,综合起来看,则比较集中地表达了仁、礼、政三者的关系。孔子希望政治清明,社会稳定,他认为,要实现这一目标,关键是确立伦常秩序,使每个人的行为都符合其担当的社会角色的要求。"礼"与"仁"是使伦理关系正常化的保证。礼确定了社会结构尊卑分明的等级层次,并规定了各个等次的社会成员应该遵循的道德标准。对人而言,礼起着外部的规范作用。仁则要求每个个体以爱人为出发点,自觉按照礼的规定来约束自己,做到视听言动皆不违礼。对人而言,仁是以礼为准则的内在制约。孔子把社会秩序的稳定落在人伦关系的协调之上,又以情感和观念作为维系人际关系的依据,可以看到,孔子的思想观念显示出律法意识和契约意识的缺失。孔子虽然怀有良好的意愿,然而封建伦理关系自身的不平等特质,以及他认识观念的缺陷,使得他想像中的社会图景难以成为现实。

颜渊问仁。子曰:"克己复礼为仁。一日克己复礼,天下归仁焉①。为仁由己,而由人乎哉?"

颜渊曰:"请问其目。"子曰:"非礼勿视,非礼勿听,非礼勿言,非礼勿动。"

颜渊曰:"回虽不敏,请事斯语矣。"

【注释】

①归：称许。

【译文】

颜渊问怎样才是仁。孔子说："约束自己而合于礼，这就是仁。只要有一天能做到约束自己而合于礼，天下的人就会称许你是仁人。实行仁德在于自己，哪在于别人呀？"

颜渊问："请问行仁的具体条目。"孔子说："不合礼的不看，不合礼的不听，不合礼的不说，不合礼的不做。"

颜渊说："我虽然不聪敏，但让我照这话去做吧。"

仲弓问仁。子曰："出门如见大宾，使民如承大祭。己所不欲，勿施于人。在邦无怨①，在家无怨②。"

仲弓曰："雍虽不敏，请事斯语矣。"

【注释】

①邦：指诸侯国。

②家：指卿大夫家。

【译文】

仲弓问怎样才是仁。孔子说："出门就像去接待贵宾一样，役使百姓就像承当重大祭礼一样。自己不愿意的事，不要强加于别人。在诸侯国做事没有怨恨，在卿大夫家做事也没有怨恨。"

仲弓说："我虽然不聪敏，但让我照这话去做吧。"

司马牛问仁①。子曰："仁者，其言也讱②。"

曰："其言也讱，斯谓之仁已乎？"子曰："为之难，言之得无讱乎？"

【注释】

①司马牛：孔子学生。姓司马，名耕，字子牛。

②讱（rèn）：出言迟缓谨慎。

【译文】

司马牛问怎样才是仁。孔子说："仁人，他说话迟缓谨慎。"

司马牛说："说话迟缓谨慎，这就叫仁了吗？"孔子说："实行起来很难，说话怎么能不迟缓谨慎呢？"

司马牛问君子。子曰："君子不忧不惧。"

曰："不忧不惧，斯谓之君子已乎？"子曰："内省不疚，夫何忧何惧？"

【译文】

司马牛问怎样才是君子。孔子说："君子不忧愁，不恐惧。"

司马牛说："不忧愁，不恐惧，这就能叫君子了吗？"孔子说："自我反省没有愧疚，那有什么可以忧愁恐惧的呢？"

司马牛忧曰："人皆有兄弟，我独亡。"子夏曰："商闻之矣：死生有命，富贵在天。君子敬而无失，与人恭而有礼。四海之内，皆兄弟也。君子何患乎无兄弟也？"

【译文】

司马牛忧愁地说："别人都有兄弟，唯独我没有。"子夏说："我听到的是这样的道理：死生自有命运，富贵在于天意。君子做事认真而没有差失，对人恭敬而合于礼，那么天下之人都是兄弟。君子何必忧愁没有兄弟呢？"

子张问明。子曰:"浸润之谮^①,肤受之愬^②,不行焉,可谓明也已矣。浸润之谮,肤受之愬,不行焉,可谓远也已矣。"

【注释】

①谮(zèn):谗言,诬陷。

②愬(sù):进谗,诬陷。

【译文】

子张问怎样才叫明察。孔子说:"如水润物那样逐渐积聚的谗言,如肌肤所受的那样直接急迫的诬告,在你这里都行不通,那就可以说是明察了。如水润物那样逐渐积聚的谗言,如肌肤所受的那样直接急迫的诬告,在你这里都行不通,那可以说是看得很远了。"

子贡问政。子曰:"足食,足兵^①,民信之矣。"

子贡曰:"必不得已而去,于斯三者何先?"曰:"去兵。"

子贡曰:"必不得已而去,于斯二者何先?"曰:"去食。自古皆有死,民无信不立。"

【注释】

①兵:兵器。这里指军备。

【译文】

子贡问怎样治理政事。孔子说:"粮食充足,军备充实,人们信任政府。"

子贡说:"如果迫不得已要去掉一项,这三者先去掉哪一项?"孔子说:"去掉军备。"

子贡说:"如果迫不得已还要去掉一项,在余下的两项中先去掉哪一项?"孔子说:"去掉粮食。自古以来人都有一死,但如果人们不信任政府,那么国家就站立不住了。"

棘子成曰①:"君子质而已矣,何以文为?"子贡曰:"惜乎,夫子之说君子也②。驷不及舌③。文犹质也,质犹文也。虎豹之鞟犹犬羊之鞟④。"

【注释】

①棘子成:卫国大夫。

②夫子:古代对大夫的尊称。这里指棘子成。

③驷(sì):驾一辆车的四匹马。

④鞟(kuò):去掉毛的兽皮,即皮革。

【译文】

棘子成说:"君子只要有好的本质就可以了,何必再要讲究文采呢?"子贡说:"可惜啊,先生竟这样来论说君子。这可是一言既出,驷马难追。文采与本质,本质与文采,两者同样重要。虎豹皮如果去掉了有花纹的毛,那就和去掉毛的犬羊皮是一个样了。"

哀公问于有若曰:"年饥,用不足,如之何?"

有若对曰:"盍彻乎①?"

曰:"二,吾犹不足,如之何其彻也?"

对曰:"百姓足,君孰与不足?百姓不足,君孰与足?"

【注释】

①彻:十分抽一的田税制度。

【译文】

鲁哀公问有若说:"年成荒歉,国用不足,怎么办?"

有若答道:"为什么不实行十分抽一的田税制度呢?"

哀公说:"十分抽二,我尚且不够,怎么能十分抽一呢?"

有若说:"百姓用度够了,您怎么会不够?百姓用度不够,您怎么会够呢?"

子张问崇德辨惑。子曰:"主忠信,徙义①,崇德也。爱之欲其生,恶之欲其死。既欲其生,又欲其死,是惑也。'诚不以富,亦祇以异②。'"

【注释】

①徙义:意谓使自己的思想行为随从义。徙,迁移。

②诚不以富,亦祇以异:语见《诗经·小雅·我行其野》,此处引这两句上下文难以贯通,或以为是错简而误至此,本当在《季氏篇》第十二章"齐景公有马千驷"句前。祇,适,恰。

【译文】

子张问怎样提高道德,辨别迷惑。孔子说:"以忠信为己之主,使自己从义而行,这就能提高道德。喜爱一个人,就希望他长寿,厌恶这个人时,又希望他快死。既希望他长寿,又希望他快死,这就是迷惑。'这确实是对自己无益,只是令人奇怪。'"

齐景公问政于孔子①。孔子对曰:"君君,臣臣,父父,子子。"公曰:"善哉!信如君不君,臣不臣,父不父,子不子,虽有粟,吾得而食诸?"

【注释】

①齐景公:齐国国君。名杵臼。

【译文】

齐景公问孔子如何治政。孔子答道:"国君像个国君,臣子像个臣子,父亲像个父亲,儿子像个儿子。"景公说:"说得好啊!如果君不像君,臣不像臣,父不像父,子不像子,即使有粮食,我能够吃得到吗?"

子曰:"片言可以折狱者①,其由也与?"

子路无宿诺②。

【注释】

①片言：单方面的言辞。折狱：断案。

②宿诺：没有及时兑现的诺言。宿，隔夜的。

【译文】

孔子说："根据单方面的言辞就可以判决案件的，大概只有仲由吧？"子路这里从来没有不及时兑现的诺言。

子曰："听讼①，吾犹人也。必也使无讼乎！"

【注释】

①听讼：审理诉讼案件。

【译文】

孔子说："审理诉讼案件，我也同别人一样。但一定要使诉讼的事不发生才好啊！"

子张问政。子曰："居之无倦，行之以忠。"

【译文】

子张问怎样治理政事。孔子说："居于职位不要厌倦懈怠，实施政令要出于忠心。"

子曰："博学于文，约之以礼，亦可以弗畔矣夫。"①

【注释】

①此章重出，已见《雍也篇》二十七章。

【译文】

孔子说:"君子广泛地学习文献典籍,并以礼约束自己,也就能不背离道了。"

子曰:"君子成人之美,不成人之恶。小人反是。"

【译文】

孔子说:"君子成全别人的好事,不促成别人的坏事。小人却与此相反。"

季康子问政于孔子。孔子对曰:"政者,正也。子帅以正①,孰敢不正?"

【注释】

①帅:带头。

【译文】

季康子向孔子问怎样治政。孔子答道:"政的意思就是正。您带头行正道,谁还敢不正?"

季康子患盗,问于孔子。孔子对曰:"苟子之不欲,虽赏之不窃。"

【译文】

季康子为盗贼很多而忧虑,向孔子求教。孔子答道:"如果您自己不贪欲,即使奖励偷盗,他们也不肯干。"

季康子问政于孔子曰:"如杀无道,以就有道,何如?"

孔子对曰：“子为政，焉用杀？子欲善而民善矣。君子之德风，小人之德草。草上之风①，必偃②。”

【注释】

①上：加。

②偃：仆倒。

【译文】

季康子向孔子问治政之事，他说：“如果杀掉无道的人来亲近有道的人，怎么样？”孔子答道：“您治理政事，为什么要用杀戮的办法呢？您愿意行善，百姓也就从善。君子的德行好比是风，百姓的德行好比是草。风吹到草上，草必定随风而倒。”

子张问：“士何如斯可谓之达矣？”子曰：“何哉，尔所谓达者？”子张对曰：“在邦必闻，在家必闻。”子曰：“是闻也，非达也。夫达也者，质直而好义，察言而观色，虑以下人①。在邦必达，在家必达。夫闻也者，色取仁而行违，居之不疑。在邦必闻，在家必闻。”

【注释】

①下人：处于别人之下。

【译文】

子张问：“士怎样可以说是达？”孔子问：“你说的达是什么意思？”子张回答：“在国家任官一定有名声，在卿大夫家任官也一定有名声。”孔子说：“这叫名声，而不是达。所谓达，应该是品质正直，所行合义，善于辨析别人的言语，善于观察别人的脸色，对人心存谦让。这样的人，在国家任官必定显达，在卿大夫家任官也必定显达。至于那个名声，表面上似乎爱好仁，实际行为却违背仁，还以仁人自居而不加怀疑。那样的人,在国家会有名声,在卿大夫家也会有名声。"

樊迟从游于舞雩之下,曰:"敢问崇德,修慝①,辨惑。"子曰:"善哉问!先事后得,非崇德与?攻其恶,无攻人之恶,非修慝与?一朝之忿,忘其身,以及其亲,非惑与?"

【注释】

①修慝(tè):去恶为善。修,治。慝,邪恶。

【译文】

樊迟陪从孔子在舞雩台下游览,他问:"请问怎样才能提高道德、去恶为善、辨明迷惑?"孔子说:"问得好!先做事,后考虑所得,这不是提高道德了吗?批评自己的过错,不攻击别人的过错,这不是去恶为善了吗?因为一时的气忿,忘了自身安危,甚至忘了父母亲属,这不是惑而不明事理吗?"

樊迟问仁。子曰:"爱人。"问知。子曰:"知人。"
樊迟未达。子曰:"举直错诸枉,能使枉者直。"
樊迟退,见子夏曰:"乡也吾见于夫子而问知①,子曰:'举直错诸枉,能使枉者直。'何谓也?"
子夏曰:"富哉言乎!舜有天下,选于众,举皋陶②,不仁者远矣。汤有天下③,选于众,举伊尹④,不仁者远矣。"

【注释】

①乡(xiàng):先前,刚才。

②皋陶(gāo yáo):舜的臣子。

③汤:商朝开国君主。名履。

④伊尹:汤的辅相。

【译文】

樊迟问什么是仁。孔子说："爱人。"樊迟又问什么是智。孔子说："善于识别人。"

樊迟没有理解。孔子说："推举正直的人置于邪恶的人之上，能使邪恶的人变得正直。"

樊迟退出后，去见子夏，说："刚才我见了老师，问他什么是智，他说：'推举正直的人置于邪恶的人之上，能使邪恶的人变得正直。'这是什么意思？"

子夏说："这话的涵义真丰富啊！舜有了天下，在众人中挑选，选用了皋陶，不仁的人就难以存在了。汤有了天下，在众人中挑选，选用了伊尹，不仁的人就难以存在了。"

子贡问友。子曰："忠告而善道之^①，不可则止，毋自辱焉。"

【注释】

①道（dǎo）：引导。

【译文】

子贡问怎样对待朋友。孔子说："真诚地劝告他，好好地引导他，如果他不听从就适可而止，不要自取侮辱。"

曾子曰："君子以文会友，以友辅仁。"

【译文】

曾子说："君子用文章学问来会聚朋友，用朋友来促进仁德的培养。"

子路篇第十三

【题解】

　　本篇共三十章，所记内容集中在治政与道德两个方面，与以上《颜渊篇》似有一定的承接关系。在治政方面，本篇所录更为广泛，从远大的政治目标，到具体的行政环节，孔子皆有所论。在道德品行方面，孔子对不少似是而非的人格表现形态作了辨析。孔子的人格理想具有确定的内涵，因此，他反对用"乡人皆好之"这样简单多数的民意测试为衡量标准。完美的人格应是既能明辨是非，爱憎分明，又能与社会群体融洽相处；完美的人格应是既能持守大节，又能注重日常生活的细节表现。出现于本篇的"泰"与"骄"，"和"与"同"，"中行"与"狂狷"等对立概念，就充分反映出孔子在人格问题上追求完美的思考特征，这也是中庸原则在道德层面的具体体现。

　　子路问政。子曰："先之劳之。"请益。曰："无倦。"

【译文】

　　子路问怎样治理政事。孔子说："自己做在百姓之前，然后使百姓努力劳作。"子路请求再多讲一些。孔子说："永远不要倦怠。"

　　仲弓为季氏宰，问政。子曰："先有司，赦小过①，举贤才。"

曰："焉知贤才而举之？"子曰："举尔所知。尔所不知，人其舍诸？"

【注释】

①赦：宽免。

【译文】

仲弓任季氏家宰，问孔子怎样治理政事。孔子说："先使办事人员各任其事，原谅别人的小过失，举用优秀人才。"

仲弓问："怎样能识别优秀人才而举用他呢？"孔子说："举用你所了解的人才。那些你不了解的人才，别人会舍弃不举用吗？"

子路曰："卫君待子而为政①，子将奚先？"

子曰："必也正名乎②！"

子路曰："有是哉，子之迂也！奚其正？"

子曰："野哉，由也！君子于其所不知，盖阙如也③。名不正，则言不顺；言不顺，则事不成；事不成，则礼乐不兴；礼乐不兴，则刑罚不中；刑罚不中，则民无所措手足。故君子名之必可言也，言之必可行也。君子于其言，无所苟而已矣。"

【注释】

①卫君：指卫出公蒯辄。

②正名：辨正名分，使名实相符。

③阙如：存疑不言。

【译文】

子路说："卫君等着您去治理国政，您将先做什么？"

孔子说："一定是先辨正名分！"

子路说:"您就迂腐到这样啊! 何必要正名呢? "

孔子说:"太粗野了,仲由! 君子对于他所不懂的事,应该采取存疑的态度。名分不符其实,言语就不顺于理;言语不顺于理,事情就做不成;事情做不成,礼乐就不能兴起;礼乐不兴,刑罚就不能得当;刑罚不得当,民众就手足无措,不知如何是好。所以君子定下名分,就一定可以言之成理,言之成理,就一定可以实行。君子对自己要说的话,一点儿都不马虎就是了。"

樊迟请学稼①。子曰:"吾不如老农。"请学为圃②。曰:"吾不如老圃。"

樊迟出。子曰:"小人哉,樊须也! 上好礼,则民莫敢不敬;上好义,则民莫敢不服;上好信,则民莫敢不用情③。夫如是,则四方之民襁负其子而至矣④,焉用稼? "

【注释】

①稼:种植五谷。

②圃:种菜。

③情:诚实,真实。

④襁(qiǎng):背婴儿的宽带或布兜。

【译文】

樊迟向孔子请求学种庄稼。孔子说:"我不如老农。"樊迟又请求学种菜。孔子说:"我不如老菜农。"

樊迟出去了。孔子说:"樊须真是个小人啊! 在上位者重视礼,百姓就没有人敢不尊敬;在上位者行事合理,百姓就没有人敢不服从;在上位者诚恳守信,百姓就没有谁敢不诚实。如果做到这样,那么四方的百姓都会背负着他们的孩子来归从,哪里用自己种庄稼呢? "

子曰："诵《诗》三百，授之以政，不达^①；使于四方，不能专对^②；虽多，亦奚以为？"

【注释】

①达：通达。

②专对：独立应对。

【译文】

孔子说："熟读了《诗经》三百篇，把政事交给他，却不能把事办成；令他出使外国，却不能独立应对；虽然读了很多，又有什么用呢？"

子曰："其身正，不令而行；其身不正，虽令不从。"

【译文】

孔子说："他自身立得正，不下达命令事情也能实行；他自身不正，虽然下达命令，百姓也不会听从。"

子曰："鲁、卫之政^①，兄弟也。"

【注释】

①鲁、卫之政：鲁国是周公的封地，卫国是康叔的封地，周公与康叔本是兄弟，当时鲁、卫两国国政也相似。

【译文】

孔子说："鲁国的政事和卫国的政事，像兄弟一样。"

子谓卫公子荆^①："善居室。始有，曰：'苟合矣^②。'少有，曰：'苟完矣。'富有，曰：'苟美矣。'"

【注释】

①公子荆：卫国公子。

②苟：聊且，差不多的意思。合：足。

【译文】

孔子谈到卫国的公子荆，说："他善于处理家业。刚有一点儿财产，他就说：'差不多够了。'稍微增加一点儿财产，他说：'差不多全备了。'再多一点儿财产，他说：'差不多是完美了。'"

　　子适卫，冉有仆①。子曰："庶矣哉②！"

　　冉有曰："既庶矣，又何加焉？"曰："富之。"

　　曰："既富矣，又何加焉？"曰："教之。"

【注释】

①仆：驾车。

②庶：众多。这里指人口众多。

【译文】

孔子到卫国去，冉有为他驾车。孔子说："卫国的人口真多呀！"

冉有说："人口已经很多了，还要做什么？"孔子说："使他们富足。"

冉有说："富足后再做什么？"孔子说："对他们进行教育。"

　　子曰："苟有用我者，期月而已可也①，三年有成。"

【注释】

①期（jī）月：一周年。

【译文】

孔子说："如果有人用我治理国政，一年可初有成效，三年可获得成功。"

子曰：“'善人为邦百年，亦可以胜残去杀矣。'诚哉是言也！”

【译文】

孔子说：“'善人治理国家连续一百年，也可以遏制残暴去除杀戮了。'这话说得很对啊！”

子曰：“如有王者，必世而后仁①。”

【注释】

①世：三十年为一世。

【译文】

孔子说：“如有王者兴起，一定需要三十年才能使仁道遍行天下。”

子曰：“苟正其身矣，于从政乎何有？不能正其身，如正人何？”

【译文】

孔子说：“如果自身端正了，那么治理政事还有什么困难呢？如果不能自正其身，又怎么能端正别人呢？”

冉子退朝①。子曰：“何晏也②？”对曰：“有政。”子曰：“其事也。如有政，虽不吾以③，吾其与闻之④。”

【注释】

①冉子退朝：冉有时任季氏家宰，这里指退于季氏私朝。

②晏：迟。

③以：用。

④与：参与。

【译文】

　　冉有退朝回来。孔子说："今天怎么回来那么晚？"冉有答道："有政事。"孔子说："怕是季氏家事吧。如有政事，虽然不用我了，但我还是能知道的。"

　　定公问："一言而可以兴邦，有诸？"

　　孔子对曰："言不可以若是其几也①。人之言曰：'为君难，为臣不易。'如知为君之难也，不几乎一言而兴邦乎？"

　　曰："一言而丧邦，有诸？"

　　孔子对曰："言不可以若是其几也。人之言曰：'予无乐乎为君，唯其言而莫予违也。'如其善而莫之违也，不亦善乎？如不善而莫之违也，不几乎一言而丧邦乎？"

【注释】

①几：期望。

【译文】

　　鲁定公问："一句话可以使国家兴盛，有这样的事吗？"

　　孔子回答说："对于言语不可有这样的期望。有人说：'做君主很难，做臣子不容易。'如果知道做君主的艰难，那不就接近于一句话可使国家兴盛了？"

　　定公又问："一句话可以使国家丧亡，有这样的事吗？"

　　孔子回答说："对于言语不可有这样的期望。有人说：'我做国君没有什么快乐，唯有我说的话没有人违抗。'如果他的话正确而没有谁违抗，不也很好吗？如果他的话不正确而没有人违抗，那不就接近于一句话可使国家丧亡了？"

叶公问政。子曰:"近者说,远者来。"

【译文】

叶公问怎样治理政事。孔子说:"使近地的百姓高兴,使远地的百姓来归附。"

子夏为莒父宰①,问政。子曰:"无欲速,无见小利。欲速则不达,见小利则大事不成。"

【注释】

①莒(jǔ)父:鲁国邑名。

【译文】

子夏任莒父邑宰,问孔子怎样治理政事。孔子说:"不要图快,不要顾小利。一味图快反而不能达到目的,顾及小利则不能成就大事。"

叶公语孔子曰:"吾党有直躬者①,其父攘羊②,而子证之③。"孔子曰:"吾党之直者异于是。父为子隐,子为父隐,直在其中矣。"

【注释】

①直躬:以直道立身。

②攘:盗窃。

③证:告发。

【译文】

叶公对孔子说:"我们那里有个按直道做事的人,他的父亲偷了羊,他就出来告发。"孔子说:"我们这里行直道的人与此不同。父亲为儿子隐瞒,儿子为父亲隐瞒,直道就在其中了。"

　　樊迟问仁。子曰:"居处恭,执事敬,与人忠。虽之夷狄,不可弃也。"

【译文】

　　樊迟问怎样才是仁。孔子说:"平日在家态度恭敬,办事严肃认真,对人忠心真诚。即使到夷狄之国,这些品格也不能丢弃。"

　　子贡问曰:"何如斯可谓之士矣?"子曰:"行己有耻,使于四方,不辱君命,可谓士矣。"

　　曰:"敢问其次。"曰:"宗族称孝焉,乡党称弟焉。"

　　曰:"敢问其次。"曰:"言必信,行必果,硁硁然小人哉①!抑亦可以为次矣。"

　　曰:"今之从政者何如?"子曰:"噫!斗筲之人②,何足算也!"

【注释】

①硁硁(kēng):形容浅陋固执。

②斗筲(shāo)之人:指器量狭小的人。斗,古代量名。合十升。筲,竹器,容五升,或说容一斗二升。

【译文】

　　子贡问道:"怎样才可以称作士?"孔子说:"对自己的行为能持有羞耻之心,出使外国不辱君主赋予的使命,这样可以称作士了。"

　　子贡说:"请问次一等的是怎么样?"孔子说:"宗族中称赞他孝顺,乡里称赞他尊敬长者。"

　　子贡说:"请问再次一等的呢?"孔子说:"说话必定有信用,行为必定果决,这是不管是非曲直的固执小人!不过也还可以算作再次一等的士吧。"

子贡说:"现在那些执政者怎么样?"孔子说:"嘿!都是些器量狭小的人,哪里值得一提呢!"

子曰:"不得中行而与之,必也狂狷乎^①!狂者进取,狷者有所不为也。"

【注释】

①狂狷(juàn):志高激进的人和拘谨自守的人。

【译文】

孔子说:"得不到言行合乎中道的人进行交往,那就一定是与志高激进的人和拘谨自守的人交往了!志高激进的人能够积极进取,拘谨自守的人对有些事能够不做。"

子曰:"南人有言曰:'人而无恒,不可以作巫医^①。'善夫!"

"不恒其德,或承之羞^②。"子曰:"不占而已矣。"

【注释】

①巫医:古代以卜筮等方式行医的人。

②"不恒其德"两句:语见《易经·恒卦》九三爻辞。或,常。

【译文】

孔子说:"南方人有句话说:'人没有恒心,不可以做巫医。'这话说得对呀!"

《易经》中说:"不能恒定地坚守德操,就会招致耻辱。"孔子说:"这是叫那些没有恒心的人不必再占卦罢了。"

子曰:"君子和而不同^①,小人同而不和。"

【注释】

①和：和谐，协调。同：指盲目附从。

【译文】

孔子说："君子行事讲究和谐，但不盲目附从；小人盲目附从，却不能和谐。"

子贡问曰："乡人皆好之，何如？"子曰："未可也。"

"乡人皆恶之，何如？"子曰："未可也。不如乡人之善者好之，其不善者恶之。"

【译文】

子贡问道："全乡人都喜欢他，这个人怎么样？"孔子说："不可就此肯定他好。"

子贡又问："全乡人都厌恶他，这个人怎么样？"孔子说："不可就此肯定他坏。最好的是乡里的好人都喜欢他，乡里的坏人都厌恶他。"

子曰："君子易事而难说也。说之不以道，不说也。及其使人也，器之①。小人难事而易说也。说之虽不以道，说也。及其使人也，求备焉。"

【注释】

①器之：根据各人才器合理使用。

【译文】

孔子说："为君子做事容易，但要得他喜欢却难。不用正道去讨他喜欢，他不会喜欢。而等到他使用人的时候，他则量才而用。为小人做事很难，但讨他喜欢却容易。即使不用正道去讨他喜欢，他也会喜欢。而等到使用人的时候，他则求全责备。"

子曰："君子泰而不骄^①，小人骄而不泰。"

【注释】

①泰：安宁舒泰。

【译文】

孔子说："君子舒泰而不骄傲，小人骄傲而不舒泰。"

子曰："刚、毅、木、讷近仁。"

【译文】

孔子说："刚强、果敢、质朴、慎于言语，具备这四者的人接近于仁。"

子路问曰："何如斯可谓之士矣？"子曰："切切偲偲^①，怡怡如也^②，可谓士矣。朋友切切偲偲，兄弟怡怡。"

【注释】

①切切偲偲（sī）：互相勉励的样子。

②怡怡：和悦的样子。

【译文】

子路问道："怎样才可以叫作士？"孔子说："互相批评勉励，和睦相处，可以叫作士了。朋友之间互相批评勉励，兄弟之间和顺愉悦。"

子曰："善人教民七年，亦可以即戎矣^①。"

【注释】

①即：就，靠近。戎：兵事，指军队、战争等。

【译文】

孔子说："善人教导民众七年,也可以使民众上阵作战了。"

子曰:"以不教民战,是谓弃之。"

【译文】

孔子说："用不曾受过教习的民众去作战,这可说是抛弃他们。"

宪问篇第十四

【题解】

　　本篇共四十四章,比较集中的内容是孔子对诸侯、大夫的评说,同时也在德行、才干、修身等方面多有论述。在这些具体的评说或论述中,孔子再次揭示了仁的特质。他一方面突出"仁"作为精神境界的内在性,把仁区别于具体的品行,指出仁者必定会有优秀的外在表现,反之,仅凭局部表现的优秀,却未必可视作仁者;另一方面则充分强调仁的社会意义,因而对管仲这样一个在遵循礼节方面存在严重缺陷的人,孔子也毫不迟疑地许之以仁。这看上去与孔子"仁""礼"关系的论述有矛盾,实际上却是强调,仁不是抽象的精神存在,能最大限度地造福于社会和民众,才是仁者的价值所在。孔子的天命观念在本篇也有所反映。虽然孔子的言论中天命似对立于人事,并强调天命的不可抵御,但实质上他常常借助天命表达自己的人格信心,表达不妥协于现实的意志,从本篇言及天命的内容中尤其可以看到这一特点。

　　宪问耻。子曰:"邦有道,谷①。邦无道,谷,耻也。"
　　"克、伐、怨、欲不行焉②,可以为仁矣?"子曰:"可以为难矣,仁则吾不知也。"

【注释】
　　①谷:指俸禄。

②克：好胜。伐：自夸。

【译文】

原宪问什么是耻辱。孔子说："国家有道，应做官得禄。国家无道，也做官得禄，这就是耻辱。"

原宪又说："好胜、自夸、怨恨、贪欲，这四种缺陷都没有，可以说是仁人了吧？"孔子说："可以说做到这样很难了，至于说是仁，那我就不知道了。"

子曰："士而怀居，不足以为士矣。"

【译文】

孔子说："士如果怀恋安居的生活，那就不足以称为士了。"

子曰："邦有道，危言危行①；邦无道，危行言孙②。"

【注释】

①危：正直。

②孙：通"逊"，谦虚恭顺。

【译文】

孔子说："国家有道，言语正直，行为正直；国家无道，行为正直，但言语谦顺。"

子曰："有德者必有言，有言者不必有德。仁者必有勇，勇者不必有仁。"

【译文】

孔子说："有道德的人一定有出色的言论，有出色言论的人不一定有道德。仁人一定勇敢,勇敢的人不一定仁。"

南宫适问于孔子曰^①:"羿善射^②,奡荡舟^③,俱不得其死然。禹、稷躬稼而有天下。"夫子不答。

南宫适出。子曰:"君子哉若人!尚德哉若人!"

【注释】

① 南宫适:即孔子学生南容。

② 羿(yì):传说夏代有穷国的君主。善射,篡夏后相之位,后被其臣寒浞所杀。

③ 奡(ào):又作"浇",传说是寒浞的儿子,后被夏后少康所杀。
荡舟:即以舟师冲锋陷阵。据传奡曾在一次水战中覆灭敌舟。

【译文】

南宫适问孔子说:"羿善长射箭,奡善长水战,但他们都没有好死。禹和稷都亲自耕作,但他们却得到了天下。"孔子没有回答。

南宫适出去了。孔子说:"这个人是君子啊!这个人真是崇尚道德啊!"

子曰:"君子而不仁者有矣夫,未有小人而仁者也。"

【译文】

孔子说:"君子中不仁之人是有的吧,但小人中是不会有仁人的。"

子曰:"爱之,能勿劳乎?忠焉,能勿诲乎?"

【译文】

孔子说:"爱他,能不叫他辛劳吗?忠于他,能不教诲他吗?"

子曰:"为命①,裨谌草创之②,世叔讨论之③,行人子羽修饰之④,东里子产润色之⑤。"

【注释】

①命:指与诸侯国交往的外交辞令。

②裨谌(pí chén):郑国大夫。草创:起草。

③世叔:郑国大夫。名游吉。讨论:研究并作评论。

④行人:官名。掌管外交出使等事。子羽:名公孙挥,字子羽。

⑤东里:地名。在今河南郑州,子产所居。

【译文】

孔子说:"郑国制定外交辞命,裨谌草拟初稿,世叔提出意见,外交官子羽进行修改,东里子产润色文词。"

或问子产。子曰:"惠人也。"

问子西①。曰:"彼哉!彼哉!"

问管仲。曰:"人也②。夺伯氏骈邑三百③,饭疏食,没齿无怨言④。"

【注释】

①子西:郑国大夫公孙夏,与子产是同宗兄弟。或说指楚令尹子西。今从前说。

②人也:此句有多种说法,或说"人"即"仁",或说"人"上脱一"仁"字,或说"人"上脱一"夫"字。

③伯氏:齐国大夫。骈(pián)邑:地名。伯氏的食邑。

④没齿:终身。

【译文】

有人问孔子子产是怎样的人。孔子说:"他是个宽厚慈惠的人。"

又问到子西。孔子说:"他呀! 他呀!"

又问到管仲。孔子说:"这是个仁人啊。他剥夺了伯氏骈邑三百户的封地,使伯氏只能吃粗劣的饭食,但伯氏至死也没有怨言。"

子曰:"贫而无怨难,富而无骄易。"

【译文】

孔子说:"贫困而没有怨恨,难;富贵而不骄傲,容易。"

子曰:"孟公绰为赵、魏老则优①,不可以为滕、薛大夫②。"

【注释】

①孟公绰:鲁国大夫。赵、魏:都是晋卿。老:大夫的家臣。优:有余力。

②滕、薛:两个小国名,在鲁国附近。

【译文】

孔子说:"孟公绰若去做晋国赵氏、魏氏的家臣,则才力有余,但不能够做滕、薛这样小国的大夫。"

子路问成人①。子曰:"若臧武仲之知②,公绰之不欲,卞庄子之勇③,冉求之艺,文之以礼乐,亦可以为成人矣。"曰:"今之成人者何必然?见利思义,见危授命,久要不忘平生之言④,亦可以为成人矣。"

【注释】

①成人:完人。

②臧武仲：鲁国大夫。臧孙氏，名纥。曾预知齐侯将败，不接受齐
　　侯给他的封田，因而免受牵累。

③卞庄子：鲁国大夫。封地卞邑，以勇称。

④久要：旧约。平生：平素。

【译文】

　　子路问怎样才是完人。孔子说："像臧武仲那样的智慧，孟公绰那样的清心寡欲，卞庄子那样的勇敢，冉求那样的才艺，再加上礼乐的文采，也可以说是完人了。"孔子又说："现在的完人哪里一定要这样？看见利益能想到道义，遇见危难能献出生命，平日与人的约言历久不忘，也可以说是完人了。"

　　子问公叔文子于公明贾曰①："信乎，夫子不言，不笑，不取乎？"

　　公明贾对曰："以告者过也。夫子时然后言，人不厌其言；乐然后笑，人不厌其笑；义然后取，人不厌其取。"

　　子曰："其然？岂其然乎？"

【注释】

①公叔文子：卫国大夫公孙拔，或作"公孙发"。公明贾：卫人。姓
　　公明，名贾。

【译文】

　　孔子向公明贾问及公叔文子，说："他老先生不言语，不笑，不取于人，真是这样吗？"

　　公明贾答道："这是传说的人说得过分了。他老先生在应该说话的时候才说，所以别人不讨厌他的话；在快乐的时候才笑，所以别人不讨厌他的笑；在合道义的时候才有所取，所以别人不讨厌他的取。"

　　孔子说："是这样吗？难道真是这样吗？"

子曰:"臧武仲以防求为后于鲁①,虽曰不要君②,吾不信也。"

【注释】

①防:地名。臧武仲的封地。为后:立为后代的意思。臧武仲获罪出逃,曾据防城请求鲁君立臧氏后代为卿大夫,以此作为他退出防城的条件。

②要(yāo):要挟。

【译文】

孔子说:"臧武仲凭借着防城请求把臧氏后代立为鲁国卿大夫,虽然有人说他不是要挟君主,我是不相信的。"

子曰:"晋文公谲而不正①,齐桓公正而不谲②。"

【注释】

①晋文公:姓姬,名重耳。谲(jué):诡诈。

②齐桓公:姓姜,名小白。晋文公与齐桓公是春秋五霸中最有名的两个霸主。

【译文】

孔子说:"晋文公诡诈而不守正,齐桓公守正而不诡诈。"

子路曰:"桓公杀公子纠,召忽死之,管仲不死①。"曰:"未仁乎?"子曰:"桓公九合诸侯②,不以兵车,管仲之力也。如其仁,如其仁。"

【注释】

①"桓公"三句:公子纠是齐桓公的哥哥,与齐桓公都是齐襄公之

弟。齐襄公无道,齐桓公由鲍叔牙侍奉逃往莒国。襄公在国内被杀,时公子纠由师傅召忽和管仲侍奉逃往鲁国。其后桓公先回齐国被立为君,并逼鲁国杀了公子纠,召忽自杀,管仲归顺齐桓公,并任宰相。

②九合:齐桓公多次与诸侯国会盟,这里的"九"是虚指。

【译文】

子路说:"齐桓公杀了公子纠,召忽因此自杀,管仲却不跟随而死。"他接着问:"管仲不仁吧?"孔子说:"桓公多次召诸侯会盟,不再使用武力,这都是管仲的作用啊。这就是他的仁,这就是他的仁。"

子贡曰:"管仲非仁者与?桓公杀公子纠,不能死,又相之。"子曰:"管仲相桓公,霸诸侯,一匡天下,民到于今受其赐。微管仲①,吾其被发左衽矣②。岂若匹夫匹妇之为谅也③,自经于沟渎而莫之知也④?"

【注释】

①微:无。

②被发左衽(rèn):头发披散,衣襟向左掩,这是指未开化的少数民族的装束。被,同"披"。衽,衣襟。

③谅:这里指狭隘的信义。

④经:自缢。沟渎:沟渠。

【译文】

子贡说:"管仲不是仁人吧?齐桓公杀了公子纠,他不仅不跟着死,还任相辅佐桓公。"孔子说:"管仲辅相桓公,称霸诸侯,匡正天下,百姓至今还受着他的恩惠。如果没有管仲,我们大概都是披散着头发,衣襟左开那个样子了。难道要像那些普通男女守着小节小信,自缢于沟渠而没有人知道吗?"

公叔文子之臣大夫僎与文子同升诸公^①。子闻之，曰："可以为'文'矣。"

【注释】

①臣：即家臣。僎（zhuàn）：人名。因公叔文子推荐，与公叔文子同任大夫。公：公朝。

【译文】

公叔文子的家臣僎和文子一同做了国家的大臣。孔子知道了这件事，说："他真可用'文'这个谥号。"

子言卫灵公之无道也，康子曰："夫如是，奚而不丧^①？"孔子曰："仲叔圉治宾客^②，祝鮀治宗庙，王孙贾治军旅。夫如是，奚其丧？"

【注释】

①奚而：即奚为，为什么。

②仲叔圉：即卫国大夫孔文子。

【译文】

孔子谈到卫灵公的昏乱无道，季康子说："既然如此，为什么他的国家不败亡呢？"孔子说："有仲叔圉管理接待宾客的事，祝鮀管理宗庙祭祀，王孙贾管理军事，像这样，怎么会败亡呢？"

子曰："其言之不怍^①，则为之也难。"

【注释】

①怍（zuò）：羞惭。

【译文】

孔子说："一个人说起话来大言不惭，那他要实行起来就难了。"

陈成子弑简公①。孔子沐浴而朝②，告于哀公曰："陈恒弑其君，请讨之。"公曰："告夫三子③。"

孔子曰："以吾从大夫之后，不敢不告也。君曰'告夫三子'者。"

之三子告，不可。孔子曰："以吾从大夫之后，不敢不告也。"

【注释】

①陈成子：即陈恒，齐国大夫。简公：齐国国君。姓姜，名壬。

②沐浴而朝：当时孔子已不任官职，为此事特地朝见鲁君，斋戒沐浴，以示郑重。

③三子：指鲁国三大夫仲孙、叔孙、季孙，当时他们实际掌握了鲁国政权。

【译文】

陈恒杀了齐简公。孔子斋戒沐浴后去朝见鲁哀公，他告诉哀公说："陈恒杀了他的君主，请出兵讨伐他。"哀公说："你去报告仲孙、叔孙、季孙三位大臣。"

孔子退下后说："因为我曾忝居大夫之列，不敢不来报告。但君主却说'你去报告三位大臣'。"

孔子又到三位大臣那里报告，他们不同意出兵。孔子说："因为我曾忝居大夫之列，不敢不来报告。"

子路问事君。子曰："勿欺也，而犯之①。"

【注释】

①犯：冒犯，指犯颜谏争。

【译文】

子路问怎样事奉君主。孔子说："不要欺骗他，却可以当面直谏。"

子曰："君子上达，小人下达①。"

【注释】

①"君子"两句：有多种解说，或说"上"指仁义，"下"指财利；或说"上"指道，"下"指器，即具体能力；或说"上"即长进，"下"即沉沦。今从第一说。

【译文】

孔子说："君子通达于仁义，小人通达于财利。"

子曰："古之学者为己，今之学者为人。"

【译文】

孔子说："古代人的学习是为了自己增进修养学识，现在人的学习是为了表现给人看。"

蘧伯玉使人于孔子①。孔子与之坐而问焉，曰："夫子何为？"对曰："夫子欲寡其过而未能也。"

使者出。子曰："使乎！使乎！"

【注释】

①蘧（qú）伯玉：卫国大夫。名瑗，孔子在卫国时曾居住其家。

【译文】

　　蘧伯玉派了一位使者拜访孔子。孔子请使者坐下，问道："先生在做些什么啊？"使者回答："先生想使自己少一些过失，但还没能做到。"

　　使者辞出。孔子说："真是个好使者！真是个好使者！"

　　子曰："不在其位，不谋其政。"①

　　曾子曰："君子思不出其位。"

【注释】

①此句重出，已见《泰伯篇》十四章。

【译文】

　　孔子说："不在那个职位上，就不考虑那方面政事。"

　　曾子说："君子的思虑不超出自己的职位。"

　　子曰："君子耻其言而过其行①。"

【注释】

①而：用法同"之"。

【译文】

　　孔子说："君子为自己的言语超过行动而感到可耻。"

　　子曰："君子道者三，我无能焉：仁者不忧，知者不惑，勇者不惧。"子贡曰："夫子自道也。"

【译文】

　　孔子说："君子所行有三个方面，我都没有做到，那就是：有仁德的人不忧愁，智慧的人不迷惑，勇敢的人不畏惧。"子贡说："这三点正是老师的自我写照呀。"

子贡方人①。子曰:"赐也贤乎哉?夫我则不暇。"

【注释】

①方人:讥评别人。方,通"谤"。一说品评议论别人,"方"即比方的意思。今从前说。

【译文】

子贡讥评别人。孔子说:"赐啊,你就那么好了吗?我就没有这样的闲工夫。"

子曰:"不患人之不己知,患其不能也。"

【译文】

孔子说:"不担心别人不了解自己,只担心自己没有才能。"

子曰:"不逆诈①,不亿不信②,抑亦先觉者③,是贤乎!"

【注释】

①逆:预料,揣度。

②亿:臆测。

③抑:但是。

【译文】

孔子说:"不预先怀疑别人有欺诈,不无端猜测别人没有诚信,但也能及早察觉真相,这样的人是贤者了吧!"

微生亩谓孔子曰①:"丘何为是栖栖者与②?无乃为佞

乎?"孔子曰:"非敢为佞也,疾固也。"

【注释】

①微生亩:"微生"是姓,"亩"是名。

②栖栖(xī):忙碌不安的样子。

【译文】

微生亩对孔子说:"你为什么这样忙碌不安的呢? 莫非是要显示你的口才吗?"孔子说:"我不敢显示口才,我是厌恶那种顽固不化的人。"

子曰:"骥不称其力①,称其德也。"

【注释】

①骥:千里马。

【译文】

孔子说:"被称为千里马的,不是称赞它的气力,而是称赞它的品德。"

或曰:"以德报怨,何如?"子曰:"何以报德? 以直报怨,以德报德。"

【译文】

有人问:"用恩惠来回报怨恨,怎么样?"孔子说:"那么又用什么来回报恩惠呢? 应该用正直来回报怨恨,用恩惠来回报恩惠。"

子曰:"莫我知也夫!"子贡曰:"何为其莫知子也?"子曰:"不怨天,不尤人①,下学而上达。知我者其天乎!"

【注释】

①尤：责怪。

【译文】

孔子说："没有人了解我啊！"子贡说："为什么没有人了解您呢？"孔子说："不怨恨天，不责备人，下学人事而上达天命。了解我的大概是天吧！"

公伯寮愬子路于季孙①。子服景伯以告②，曰："夫子固有惑志于公伯寮③，吾力犹能肆诸市朝④。"

子曰："道之将行也与，命也；道之将废也与，命也。公伯寮其如命何！"

【注释】

①公伯寮（liáo）："公伯"是姓，"寮"是名，或说也是孔子学生。愬（sù）：进谗言。

②子服景伯：鲁国大夫。姓子服，名何，字伯，谥号景。

③夫子：指季孙。

④肆：处死刑后陈尸示众。市朝：市集和朝廷。大夫之尸陈于朝廷，士之尸陈于市。这里指市集。

【译文】

公伯寮向季孙毁谤子路。子服景伯把这事告诉孔子，并说："先生已经被公伯寮迷惑了，但我的力量还能够把公伯寮处死并陈尸于街市。"

孔子说："大道将实行呢，这是命；大道将废弃呢，这也是命。公伯寮能把命怎么样！"

子曰："贤者辟世①，其次辟地，其次辟色，其次辟言。"

子曰:"作者七人矣。"

【注释】

①辟(bì):避开。

【译文】

孔子说:"贤者避开昏乱的社会而隐居,次一等的避开一地而另择一地,再次一等的避开难看的脸色,再次一等的避开不好的言语。"

孔子又说:"像这样做的已经有七个人了。"

子路宿于石门①。晨门曰②:"奚自?" 子路曰:"自孔氏。"曰:"是知其不可而为之者与?"

【注释】

①石门:鲁城的外门。

②晨门:守门人,负责早夜开闭城门。

【译文】

子路在石门宿了一夜。第二天早晨守门人问:"你从哪里来?"子路说:"我从孔氏那儿来。"守门人说:"是知道做不到却还要去做的那个人吗?"

子击磬于卫①,有荷蒉而过孔氏之门者②,曰:"有心哉,击磬乎!"既而曰:"鄙哉,硁硁乎③!莫己知也,斯己而已矣。深则厉,浅则揭④。"

子曰:"果哉!末之难矣⑤。"

【注释】

①磬(qìng):一种打击乐器。

②荷：肩负。蒉（kuì）：草织的盛器。

③硁硁（kēng）：象声词，形容敲击石头的声音。

④"深则厉"两句：语见《诗经·邶风·匏有苦叶》。意谓如果水深，
　就索性穿着衣服过去，如果水浅，就提起衣服过去。这里表示个
　人行为应根据实际情况而定。厉，穿着衣服涉水。

⑤末：无。

【译文】

　　孔子在卫国，一天正击磬时，有一个人担着草筐从孔子住所的门前
经过，他说："这样击磬是有心事啊！"过一会儿又说："真鄙陋啊，这种
硁硁的磬声！没有人了解自己，也就守着自己罢了。如果水深，就穿着衣
服过去，如果水浅，就提起衣服过去。"

　　孔子说："这人好坚决啊！没有什么可以说服他。"

　　子张曰："《书》云：'高宗谅阴，三年不言①。'何谓也？"
子曰："何必高宗，古之人皆然。君薨②，百官总己以听于冢
宰三年③。"

【注释】

①"高宗谅阴"两句：见《尚书·无逸》，原文语句稍有不同。意谓
　高宗守丧，三年不问国事。高宗，商王武丁。谅阴，天子居丧所住
　的庐屋。

②薨（hōng）：周代诸侯死亡称"薨"。

③"百官"句：意谓继位的新君三年不问政事，故朝中百官各守其职
　而听命于宰相。总己，即主持统理自己的职事。冢宰，周代官名，
　相当于后来的宰相。

【译文】

　　子张说："《尚书》中说：'殷高宗守丧居庐，三年不言语。'这是什么

意思?"孔子说:"岂止殷高宗这样,古人都这样。国君死了,三年之内,百官各自统理自己的职事而听命于冢宰。"

子曰:"上好礼,则民易使也。"

【译文】

孔子说:"在上位的人能够以礼行事,那就容易使百姓听从治理。"

子路问君子。子曰:"修己以敬。"

曰:"如斯而已乎?"曰:"修己以安人①。"

曰:"如斯而已乎?"曰:"修己以安百姓。修己以安百姓,尧、舜其犹病诸②!"

【注释】

①人:这里指与自己关系密切的人,如亲族朋友等。

②病:难。

【译文】

子路问怎样才是君子。孔子说:"自我修身而做到严肃认真。"

子路说:"这样就够了吗?"孔子说:"自我修身而使亲友安乐。"

子路又说:"这样就够了吗?"孔子说:"自我修身而使百姓安乐。能自我修身而使百姓安乐,尧、舜大概也觉得不容易做到吧!"

原壤夷俟①。子曰:"幼而不孙弟②,长而无述焉③,老而不死,是为贼④。"以杖叩其胫。

【注释】

①原壤:孔子的故交。是一个另有主张而不赞同孔子学说的人。夷:

箕踞，伸开两腿坐于地上的姿势，这不合双膝着地的跪坐礼节。

侯：等待。

②孙弟：同"逊悌"。

③述：称述。

④贼：有危害的人。

【译文】

原壤伸开双腿坐在地上等待孔子。孔子说："你年幼时不懂得逊悌的礼节，年长后没有可以称道的事业成就，年老了只是偷生不死，真是个祸害。"说着，孔子用手杖敲了敲原壤的小腿。

阙党童子将命①。或问之曰："益者与②？"子曰："吾见其居于位也③，见其与先生并行也。非求益者也，欲速成者也。"

【注释】

①阙党：地名。即阙里，孔子所居之地。将命：在宾主之间传话。

②益：长进。

③居于位：这里指坐在成人的席位上。按照礼节，童子应当坐于旁位，不可与成人并坐。

【译文】

阙党的一个少年来向孔子传话。有人问孔子："这是一个求长进的孩子吗？"孔子说："我看他坐在成人的席位上，又看他与长辈并排行走。这不是个求长进的人，而是一个急于求成的人。"

卫灵公篇第十五

【题解】

本篇共四十二章,记述的内容比较广泛。在治政方面,孔子依然把统治者的德行作为强调的重点。这里,特别突出地表达了孔子对人民的认识观念,即人民处于被统治地位,人民又是一个永远不变的社会存在。从这样的观念出发,孔子逻辑地得出结论,如何正确对待民众,是统治者无从回避的问题。实质上,这个问题仍可归属于"仁"与"礼"的理论范畴,只要统治者知礼行仁,其他一切问题也就迎刃而解。在德行方面,孔子特别集中地论述了君子的人格要求。在孔子理想人格的范畴中,君子是最具现实意义的一种人格类型,它虽然不如圣人完美,但它是人们普遍可以达到的标准。因而在各个篇章,都可看到孔子的相关论述。无疑,君子首先要做到克己复礼,在这个大前提下,君子在立身处世方面还有许多具体要求。孔子所留下的虽然只是片言只语,但对君子的人格构想却全面而且严格。如何与人交往,也是本篇相对集中的论题。虽然内容较多,但恰如孔子总结自己的学说时所云:"予一以贯之。"就本篇而言,强调自我约束而求得社会的稳定有序,即贯穿在他发自各个角度的论说中。

卫灵公问陈于孔子①。孔子对曰:"俎豆之事②,则尝闻之矣;军旅之事,未之学也。"明日遂行。

【注释】

①陈：即今"阵"字，军阵行列。

②俎（zǔ）豆：行礼仪时盛放食品的礼器。这里借指礼仪之事。

【译文】

卫灵公向孔子问军队阵列的事情。孔子回答说："礼仪方面的事情，我曾听到过；军旅方面的事情，我没有学过。"第二天孔子就离开了卫国。

在陈绝粮，从者病，莫能兴①。子路愠见曰："君子亦有穷乎？"子曰："君子固穷②，小人穷斯滥矣③。"

【注释】

①兴：起来。

②固：固有。一说固守。今从前说。

③滥：指没有操守，为所欲为。

【译文】

孔子在陈国断绝了粮食，随从的人都病倒了，不能起来。子路恼怒地来见孔子，说："君子也有这样的困窘吗？"孔子说："君子固有困窘的时候，而小人在困窘的时候便胡作非为了。"

子曰："赐也，女以予为多学而识之者与？"对曰："然，非与？"曰："非也，予一以贯之。"

【译文】

孔子说："赐啊，你以为我是学得很多又都能记住的吗？"子贡回答："是呀，难道不是这样吗？"孔子说："不是，我是有一个基本道理贯串在所学之中。"

子曰:"由! 知德者鲜矣。"

【译文】

孔子说:"仲由! 懂得德的人太少了。"

子曰:"无为而治者其舜也与? 夫何为哉? 恭己正南面而已矣。"

【译文】

孔子说:"安静无为而能使天下太平的人大概就是舜吧? 他做了什么呢? 他只是恭敬庄重地坐在王位上罢了。"

子张问行①。子曰:"言忠信,行笃敬②,虽蛮貊之邦③,行矣。言不忠信,行不笃敬,虽州里④,行乎哉? 立则见其参于前也⑤,在舆则见其倚于衡也⑥,夫然后行。"子张书诸绅。

【注释】

①行: 顺遂通达,行得通。

②笃: 厚道。

③蛮: 古代对南方少数民族部落的泛称。貊(mò): 北方的少数民族部落。

④州里: 指乡里本土。二千五百家为州,五家为邻,五邻为里。

⑤参: 直耸,直立。

⑥舆: 车箱。衡: 车辕前的横木。

【译文】

子张问怎样做事才行得通。孔子说:"言语忠诚守信,行为笃厚严肃,即使到蛮貊地区,也能行得通。言语不忠诚守信,行为不笃厚严肃,纵然是在乡里本土，就能行得通吗？站立着就像看见'忠信笃敬'几个字直耸在眼前，坐在车里就像看见'忠信笃敬'几个字映现在车前横木上，这样才能到处都行得通。"子张把这些话写在束于腰间的大带上。

子曰："直哉史鱼①！邦有道，如矢；邦无道，如矢。君子哉蘧伯玉！邦有道，则仕；邦无道，则可卷而怀之②。"

【注释】

①史鱼：卫国大夫。姓史，名鳍（qiū），字子鱼。

②卷：收起。怀：怀藏。

【译文】

孔子说："史鱼真是刚直啊！国家有道，他像箭那样直；国家无道，他也像箭那样直。蘧伯玉真是个君子啊！国家有道，他出来做官；国家无道，他可以把自己的才能收藏起来。"

子曰："可与言而不与之言，失人；不可与言而与之言，失言。知者不失人，亦不失言。"

【译文】

孔子说："可以与他谈话的人而不与他谈，这是错失了人；不可与他谈话的人而与他谈了，这是白费了言语。聪明的人既不错失人，也不白费言语。"

子曰："志士仁人，无求生以害仁，有杀身以成仁。"

【译文】

孔子说："志士仁人，不会贪生怕死而损害仁，只有牺牲生命而成全仁。"

子贡问为仁。子曰:"工欲善其事,必先利其器。居是邦也,事其大夫之贤者,友其士之仁者。"

【译文】

子贡问怎样实现仁。孔子说:"工匠想做好他的事,一定先完善他的工具。居住在这个国家,就要奉事大夫中的贤者,结交士人中的仁者。"

颜渊问为邦。子曰:"行夏之时①,乘殷之辂②,服周之冕③,乐则《韶》《舞》④。放郑声⑤,远佞人⑥。郑声淫,佞人殆⑦。"

【注释】

①夏之时:指夏朝的历法,以今农历一月为每年的第一月。周朝历法则以农历十一月为每年的第一月。夏历比较合于农时。

②辂(lù):大车。殷代的车比较质朴。

③冕:礼帽。周代的礼帽等制完备,比较华美。

④《韶》:舜时的乐曲。《舞》:"舞"通"武",周武王时的乐曲。一说"韶""舞"合称,即指舜乐。今从前说。

⑤放:舍弃,废除。郑声:郑国的音乐。

⑥佞人:花言巧语阿谀奉承的小人。

⑦殆(dài):危险。

【译文】

颜渊问怎样治理国家。孔子说:"用夏朝的历法,坐殷朝的车子,戴周朝的礼帽,音乐则用《韶》乐和《武》乐。摒弃郑国的音乐,远斥谄媚的小人。郑国的音乐靡曼淫滥,谄媚的小人很危险。"

子曰:"人无远虑,必有近忧。"

【译文】

孔子说:"一个人没有长远的考虑,一定会有眼前的忧患。"

子曰:"已矣乎! 吾未见好德如好色者也。"

【译文】

孔子说:"罢了! 我没有看见过喜欢美德就像喜欢美色一样的人。"

子曰:"臧文仲其窃位者与①? 知柳下惠之贤而不与立也②。"

【注释】

①窃位:指占据官位而不称职。

②柳下惠:鲁国贤者。姓展,名获,字禽,又叫"展季","惠"是私谥。
"柳下"是其居处,或说是其封地。立:通"位"。一说"立"即
立于朝上任官的意思。今从前说。

【译文】

孔子说:"臧文仲大概是个占据官位而不任职事的人吧? 他明知柳
下惠贤良而不把他举荐到官位上。"

子曰:"躬自厚而薄责于人,则远怨矣。"

【译文】

孔子说:"责备自己严而责备别人宽,那就远离怨恨了。"

子曰:"不曰'如之何①,如之何'者,吾末如之何也已
矣。"

【注释】

①如之何：这里表示对所遇问题的审度思考。

【译文】

孔子说："一个不考虑'怎么办，怎么办'的人，我也不知道对他怎么办了。"

子曰："群居终日，言不及义，好行小慧，难矣哉！"

【译文】

孔子说："与人聚集一整天，所谈论的却没有涉及道义的事，只喜欢卖弄小聪明，这就难以长进了。"

子曰："君子义以为质，礼以行之，孙以出之，信以成之。君子哉！"

【译文】

孔子说："君子把道义作为行事的根本，依据礼节来实行它，用谦逊的言辞来表达它，用诚信的态度来完成它。这才真是君子啊！"

子曰："君子病无能焉，不病人之不己知也。"

【译文】

孔子说："君子忧虑自己没有才能，不忧虑别人不了解自己。"

子曰："君子疾没世而名不称焉。"

【译文】

孔子说:"君子忧虑的是死后而名声不被传称。"

子曰:"君子求诸己,小人求诸人。"

【译文】

孔子说:"君子凡事都要求自己,小人凡事都要求别人。"

子曰:"君子矜而不争①,群而不党。"

【注释】

①矜:庄重。

【译文】

孔子说:"君子庄重而不与人争执,合群而不结党。"

子曰:"君子不以言举人,不以人废言。"

【译文】

孔子说:"君子不根据一个人的言辞就推举他,也不因为一个人品德不好就全部否定他的言辞。"

子贡问曰:"有一言而可以终身行之者乎①?"子曰:"其恕乎!己所不欲,勿施于人。"

【注释】

①一言:一个字。

【译文】

子贡问道:"有没有一个字是可以终身遵循的?"孔子说:"大概就是'恕'吧!自己不愿意的事情,不要施加于别人。"

子曰:"吾之于人也,谁毁谁誉?如有所誉者,其有所试矣。斯民也,三代之所以直道而行也。"

【译文】

孔子说:"我对于别人,诋毁了谁?赞誉了谁?如果有我赞誉的人,必定是经过实际考察的。现在这些百姓呀,也就是夏、商、周三代以直道行施天下时的百姓啊。"

子曰:"吾犹及史之阙文也①。有马者借人乘之②,今亡矣夫!"

【注释】

①阙文:指存疑而空缺的文字,表示不妄自增益。
②借:凭借。

【译文】

孔子说:"我还能够看到史书存疑的地方。有马的人自己不能驯制,就凭借别人的乘用使马驯服,这样的态度在今天是没有了呀!"

子曰:"巧言乱德。小不忍,则乱大谋。"

【译文】

孔子说:"花言巧语会败坏道德。小事情不忍耐,会毁坏大谋略。"

子曰:"众恶之,必察焉;众好之,必察焉。"

【译文】

孔子说:"大家都厌恶他,一定要进行审察;大家都喜爱他,也一定要进行审察。"

子曰:"人能弘道,非道弘人。"

【译文】

孔子说:"人能够弘扬道,不是用道来廓大人。"

子曰:"过而不改,是谓过矣。"

【译文】

孔子说:"有错误而不改正,这才真成为错误了。"

子曰:"吾尝终日不食,终夜不寝,以思,无益,不如学也。"

【译文】

孔子说:"我曾整天不吃,整夜不睡,尽自思考,但毫无益处,还不如去学习。"

子曰:"君子谋道不谋食。耕也,馁在其中矣;学也,禄在其中矣。君子忧道不忧贫。"

【译文】

孔子说:"君子谋求道而不谋求衣食。耕田,却常会有饥饿;学习,则常能得到俸禄。君子忧虑的是不能求得道,不是忧虑贫困。"

子曰:"知及之①,仁不能守之,虽得之,必失之。知及之,仁能守之,不庄以涖之②,则民不敬。知及之,仁能守之,庄以涖之,动之不以礼,未善也。"

【注释】

①之:指官职。以下"涖之""动之"中的"之"指百姓。

②涖(lì):同"莅",临,来到。

【译文】

孔子说:"才智足以胜任官职,却不能以仁来持守它,即使得到官职,也一定会失去。才智足以胜任官职,又能以仁来持守它,但不能用严肃的态度来治理百姓,那就不会得到百姓尊敬。才智足以胜任官职,能以仁来持守它,又能用严肃的态度来治理百姓,但使用百姓不合乎礼,还是不完善。"

子曰:"君子不可小知而可大受也,小人不可大受而可小知也。"

【译文】

孔子说:"君子不可从小处去了解他,但他可以承受大任。小人不可承受大任,却可从小处了解他。"

子曰:"民之于仁也,甚于水火。水火,吾见蹈而死者矣,未见蹈仁而死者也。"

【译文】

孔子说："百姓对仁道的需要超过对水火的需要。我看见过踏入水火而死了的，却没见过践行仁道而死了的。"

子曰："当仁，不让于师。"

【译文】

孔子说："如果是担当行仁的事情，对老师也不用谦让。"

子曰："君子贞而不谅①。"

【注释】

①贞：正道。谅：指小信用。

【译文】

孔子说："君子坚守正道而不拘泥于小信用。"

子曰："事君，敬其事而后其食。"

【译文】

孔子说："奉事君主，应是敬守职事，而把得俸禄的事放在后面。"

子曰："有教无类。"

【译文】

孔子说："对所有的人给予教育，不区分类别。"

子曰："道不同，不相为谋。"

【译文】

孔子说:"所持的道不同,就不互相商议。"

子曰:"辞达而已矣。"

【译文】

孔子说:"言辞能表达清楚意思就可以了。"

师冕见①,及阶,子曰:"阶也。"及席,子曰:"席也。"皆坐,子告之曰:"某在斯,某在斯。"

师冕出,子张问曰:"与师言之道与?"子曰:"然,固相师之道也。"

【注释】

①师:乐师。古代乐师一般由盲人担任。冕:人名。

【译文】

师冕来见孔子,走到台阶边,孔子说:"这是台阶了。"走到坐席旁,孔子说:"这是坐席了。"都坐下后,孔子告诉他说:"某人在这边,某人在这边。"

师冕辞别后,子张问道:"这是与盲乐师谈话的方式吗?"孔子说:"对,这本来就是帮助盲乐师的方式。"

季氏篇第十六

【题解】

　　本篇共十四章。前三章孔子的言谈与当时鲁国的政治情势有密切关系，集中反映了孔子对政治权力逐级下移这一状况的强烈不满，并表达了"不患贫而患不均，不患寡而患不安"的治国主张。以下数章主要是有关德行、学识等方面的论说，一个比较显著的特点是，这里多记录了孔子以数字作出归纳的人生戒示，于简明生动之中见出内涵的深刻。本篇还记叙了孔子命其子鲤学诗与礼的情况，通过一个独特的镜头，再次反映了孔子关于"诗"与"礼"的见解。而从他对自己儿子的教育中，又能见出他对理论的真诚。文中陈亢叹美孔子在教育上对其子无偏私之心，实质上，无论是孔子的政治主张还是人伦主张，都决定了孔子必然有如是态度。本篇末章内容略觉突兀，前人解说也多有歧义，或认为文首遗落"子曰"两字，或以为是后人在竹简空白处的附记。但竹简本就短小，不可能留下大片空白容纳这样一段文字，故后说遭到较多学者的否定。

　　季氏将伐颛臾①。冉有、季路见于孔子曰："季氏将有事于颛臾②。"

　　孔子曰："求！无乃尔是过与③？夫颛臾，昔者先王以为东蒙主④，且在邦域之中矣，是社稷之臣也。何以伐为？"

　　冉有曰："夫子欲之，吾二臣者皆不欲也。"

　　孔子曰："求！周任有言曰⑤：'陈力就列⑥，不能者止。'

危而不持，颠而不扶，则将焉用彼相矣⑦? 且尔言过矣，虎兕出于柙⑧，龟玉毁于椟中⑨，是谁之过与?"

冉有曰："今夫颛臾，固而近于费⑩。今不取，后世必为子孙忧。"

孔子曰："求! 君子疾夫舍曰欲之而必为之辞。丘也闻有国有家者，不患寡而患不均，不患贫而患不安⑪。盖均无贫，和无寡，安无倾。夫如是，故远人不服，则修文德以来之。既来之，则安之。今由与求也，相夫子，远人不服，而不能来也；邦分崩离析，而不能守也；而谋动干戈于邦内。吾恐季孙之忧，不在颛臾，而在萧墙之内也⑫。"

【注释】

①颛臾(zhuān yú)：国名。附属于鲁国。

②事：指战事。

③过：责怪。

④东蒙：即蒙山，在今山东蒙阴南。主：主持祭祀。

⑤周任：古代一位史官。

⑥陈：施展。列：指职位。

⑦相：扶助盲人的人。

⑧兕(sì)：雌性犀牛，或说野牛。柙(xiá)：关兽的笼子。

⑨龟：龟甲，用以占卜。

⑩费(bì)：地名。季氏私邑。

⑪"不患寡而患不均"两句：前后句中"寡"与"贫"当互换，下有"均无贫，和无寡，安无倾"承应。

⑫"吾恐季孙之忧"三句：意谓季氏真实的用意不是针对颛臾，而是针对鲁君。时季孙把持了鲁国国政，与鲁君存在矛盾，他要攻打颛臾，是担忧颛臾助鲁君而对自己构成威胁，所以孔子这样说。萧

墙之内,指鲁君。萧墙,君王宫室内的屏风,臣来见君,至此即肃然起敬。这里"萧"即肃敬义。

【译文】

季氏准备攻打颛臾。冉有、季路去见孔子,说:"季氏准备对颛臾用兵。"

孔子说:"冉求!这难道不应该责备你吗?那颛臾,上代的君王曾让它主持蒙山的祭祀,况且又在鲁国境域之内,是鲁国国家的臣属。为什么要攻打它呢?"

冉有说:"是季孙想这么做,我们两个人都不赞同。"

孔子说:"冉求!周任说过这样的话:'能施展才力就任职,如果不行就辞职。'如果一个盲人有危险而不去扶持他,要摔倒了而不去搀扶他,那又何必要那个扶助的人呢?而且你说的话就是错误的,老虎和犀牛从笼中逃出,龟甲和美玉在匣中毁坏,这是谁的过失呢?"

冉有说:"现在那颛臾城墙坚固,离季氏的费邑又很近。现今不将它攻取,以后一定成为子孙的祸患。"

孔子说:"冉求!君子讨厌那种不实说自己的贪欲而另找借口加以掩饰的做法。我所听说的是,有国的诸侯和有家的卿大夫,不担忧贫穷而担忧财富不均,不担忧人口不足而担忧不安定。财富平均就无所谓贫穷,关系和谐就不觉得人口不足,境内安定了也就不会有倾覆之事。做到这样,远方的人还不归服,就修治文德招他们来。他们来了,就让他们安心。如今仲由、冉求你们两人辅助季孙,远方的人不归服,你们不能去招徕;国家分崩离析,你们不能保全;反而要在境内使用兵力。恐怕季孙的忧虑不在颛臾,而是在鲁君这里吧。"

孔子曰:"天下有道,则礼乐征伐自天子出;天下无道,则礼乐征伐自诸侯出。自诸侯出,盖十世希不失矣^①;自大夫出,五世希不失矣;陪臣执国命^②,三世希不失矣。天下有道，则政不在大夫。天下有道，则庶人不议。"

【注释】

①希：同"稀"，少。

②陪臣：卿大夫的家臣。

【译文】

孔子说："天下有道，那么制礼作乐及出兵征伐都决定于天子；天下无道，那么制礼作乐及出兵征伐都决定于诸侯。这些事决定于诸侯，大概传到十代就很少不丧失权位的；决定于大夫，传到五代就很少不丧失权位的；如果是家臣掌握国政，传到三代就很少不丧失权位的。天下有道，国政不会落在大夫手中。天下有道，普通百姓不会议论政事。"

孔子曰："禄之去公室五世矣①，政逮于大夫四世矣②，故夫三桓之子孙微矣③。"

【注释】

①禄：指实行爵禄的权力，即国家政权。五世：指鲁宣公、成公、襄公、昭公、定公。

②逮：及，到。四世：指把持鲁国国政以后的季氏四代，即文子、武子、平子、桓子。

③三桓：鲁国三卿仲孙、叔孙、季孙都是鲁桓公的后代，故称"三桓"。微：衰微。

【译文】

孔子说："国家失去爵禄之权已经五代了，国政落在大夫手里也已经四代了，因此桓公后代的三家子孙现在也衰微了。"

孔子曰："益者三友，损者三友。友直，友谅，友多闻，益矣。友便辟^①，友善柔^②，友便佞^③，损矣。"

【注释】

①便（pián）辟：谄媚逢迎。

②善柔：当面奉承背后诋毁。

③便（pián）佞：巧言善辩，夸夸其谈。

【译文】

孔子说："有益的朋友有三种，有害的朋友有三种。与正直的人交朋友，与守信义的人交朋友，与见闻广博的人交朋友，是有益的。与谄媚逢迎的人交朋友，与当面奉承背后诋毁的人交朋友，与巧言善辩的人交朋友，是有害的。"

孔子曰："益者三乐，损者三乐。乐节礼乐，乐道人之善，乐多贤友，益矣。乐骄乐，乐佚游，乐晏乐，损矣。"

【译文】

孔子说："有益的快乐有三种，有害的快乐有三种。以礼乐的调节为快乐，以称扬别人的善处为快乐，以多有良友为快乐，这是有益的。以骄纵放肆为快乐，以纵逸游荡为快乐，以沉迷酒食为快乐，这是有害的。"

孔子曰："侍于君子有三愆：言未及之而言谓之躁，言及之而不言谓之隐，未见颜色而言谓之瞽。"

【译文】

孔子说："侍奉君子易犯三种过失：言谈尚未轮及他而抢先说，叫做急躁；言谈轮及他而不说，叫做隐瞒；不看君子脸色而贸然开口，如同盲人。"

孔子曰："君子有三戒：少之时，血气未定，戒之在色；及其壮也，血气方刚，戒之在斗；及其老也，血气既衰，戒之在得。"

【译文】

孔子说："君子有三种情况应该警戒：年轻的时候，血气尚未宁定，要警戒的是迷恋女色；到了壮年，血气正当旺盛，要警戒的是争强好斗；到了老年，血气衰弱，要警戒的是贪得无厌。"

孔子曰："君子有三畏：畏天命，畏大人①，畏圣人之言。小人不知天命而不畏也，狎大人②，侮圣人之言。"

【注释】

①大人：指居高位的人。

②狎（xiá）：轻慢。

【译文】

孔子说："君子有三种敬畏：敬畏天命，敬畏居高位的人，敬畏圣人的言语。小人不懂得天命因而不加敬畏，对居高位的人态度轻慢，对圣人的言语多有轻侮。"

孔子曰："生而知之者上也，学而知之者次也；困而学之，又其次也；困而不学，民斯为下矣。"

【译文】

孔子说："生来就知道的人是上等，学了然后知道的人是次一等；遇到困难而去学习的人又次一等；遇到困难还不学习，平民百姓就是这种最下等的了。"

孔子曰:"君子有九思:视思明,听思聪,色思温,貌思恭,言思忠,事思敬,疑思问,忿思难,见得思义。"

【译文】

孔子说:"君子有九种考虑:看的时候考虑是否看明白了,听的时候考虑是否听清楚了,对于脸色考虑是否温和,对于容貌考虑是否恭敬,对于言谈考虑是否忠诚,做事时考虑是否认真,遇到疑问考虑如何向人请教,发怒时考虑有何后患,见有可得的时候考虑是否合乎道义。"

孔子曰:"见善如不及,见不善如探汤①。吾见其人矣,吾闻其语矣。隐居以求其志,行义以达其道。吾闻其语矣,未见其人也。"

【注释】

①汤:沸水。

【译文】

孔子说:"看见好的德行就像自己赶不上一样地努力追求,看见不好的德行就像手伸入沸水那样急忙摆脱。我看见过这样的人,我也听到过这样的话。能退避隐居而坚守自己的志向,能以义行事来实施所持之道。我听到过这样的话,但没有看见过这样的人。"

齐景公有马千驷,死之日,民无德而称焉。伯夷、叔齐饿于首阳之下①,民到于今称之。其斯之谓与②?

【注释】

①首阳:山名。周武王灭商后,伯夷、叔齐隐居首阳山,采薇而食,后饿死。

②其斯之谓与：此句"斯"字所指内容不明确，此章起首又没有"子曰"二字，前人或认为有缺文。

【译文】

　　齐景公有四千匹马，死了以后，百姓对于他的德行没有什么可称颂的。伯夷、叔齐饿死在首阳山之下，百姓到今天还称颂他们。大概就是这个道理吧？

　　陈亢问于伯鱼曰："子亦有异闻乎？"

　　对曰："未也。尝独立，鲤趋而过庭。曰：'学诗乎？'对曰：'未也。''不学诗，无以言。'鲤退而学诗。他日，又独立，鲤趋而过庭。曰：'学礼乎？'对曰：'未也。''不学礼，无以立。'鲤退而学礼。闻斯二者。"

　　陈亢退而喜曰："问一得三，闻诗，闻礼，又闻君子之远其子也①。"

【注释】

①远：不偏私的意思。

【译文】

　　陈亢问伯鱼说："您在您父亲那里听到什么特别的教诲吗？"

　　伯鱼回答："没有。父亲曾一个人站在庭中，我恭敬地走过。他问：'学诗没有？'我回答说：'没有。'父亲说：'不学诗就不知如何说话。'我退回后便学习诗。又有一天，父亲又一个人站在庭中，我恭敬地走过。他问：'学礼没有？'我回答说：'没有。'父亲说：'不学礼就不知如何立身。'我退回后便学习礼。我听到的就是这两点。"

　　陈亢退下后高兴地说："我问一个问题却得到三个收获，知道了应该学诗，知道了应该学礼，还知道了君子对自己的儿子没有偏私之心。"

邦君之妻，君称之曰夫人，夫人自称曰小童；邦人称之曰君夫人，称诸异邦曰寡小君；异邦人称之亦曰君夫人。

【译文】

国君的妻子，国君称她为夫人，夫人自称为小童；国内的人称她为君夫人，对别的国家则称她为寡小君；而别国的人称她也为君夫人。

阳货篇第十七

【题解】

本篇共二十六章,所述内容甚富。本篇比较集中地记录了孔子对当时道德状况的批评,这在一定程度上反映出变动时期的社会风貌,也从否定现状的角度反映出孔子的道德标准。本篇有数章记录了孔子在诗、乐等文学艺术问题上的认识观念,其中有些论说对后世产生了深远的影响,如诗可以兴、观、群、怨的见解,全面反映了诗歌所产生的社会作用,成为中国古代文学理论的一个重要内容。此外,发生在孔子用世历程中的几个事件也在本篇得到生动记述,在具体的社会背景中展示了孔子的心理活动。《论语》中没有专门讨论人性的言辞,本篇"性相近也,习相远也"是孔子唯一直接说及人性的语句,后人对此语的解说颇见分歧,孟子的"性善论"和荀子的"性恶论",就是在不同的理解基础上形成的两种学说。其他如"唯上知与下愚不移""唯女子与小人为难养也"等语,都是后人论说纷纭的话题,尤其后一语,虽然学人多有为孔子辩解者,但这句话反映的认识局限以及产生的消极影响,当不用为尊者讳。

阳货欲见孔子①,孔子不见,归孔子豚②。

孔子时其亡也③,而往拜之。

遇诸涂④。

谓孔子曰:"来! 予与尔言。"曰:"怀其宝而迷其邦,可谓仁乎?"曰:"不可。好从事而亟失时⑤,可谓知乎?"曰:

“不可。日月逝矣，岁不我与。”

　　孔子曰：“诺，吾将仕矣。”

【注释】

①阳货：季氏家臣。又名阳虎。季氏数代把持鲁国政权，当时阳货
　又把持了季氏的权力。

②归：通“馈”，赠送。豚：小猪，也泛指猪。

③时：通“伺”，等候。亡（wú）：无。这里指不在家。

④涂：同“途”。

⑤亟（qì）：屡次。

【译文】

阳货想让孔子来拜见他，孔子不去，于是他送给孔子一头小猪。

孔子等他不在家时前往拜谢。

两人在途中相遇了。

阳货对孔子说：“来！我要与你谈谈。”他说道：“身怀才干而听任国
家迷乱，这可算是仁吗？”他自己接着回答：“不可。喜欢参与政事而又
屡屡失去机会，这可算是聪明吗？”他又自己回答：“不可。时光流逝，岁
月不等人啊。”

孔子说：“好啊，我打算出来做官了。”

　　子曰：“性相近也，习相远也。”

【译文】

孔子说：“人的天性本来相近，因为习惯的影响才相去甚远。”

　　子曰：“唯上知与下愚不移。”

【译文】

孔子说:"只有上等的智者和下等的愚人是不能改变的。"

　　子之武城①,闻弦歌之声。夫子莞尔而笑②,曰:"割鸡焉用牛刀?"

　　子游对曰:"昔者偃也闻诸夫子曰:'君子学道则爱人,小人学道则易使也。'"

　　子曰:"二三子! 偃之言是也。前言戏之耳。"

【注释】

①武城:鲁国邑名。时子游为武城宰。

②莞(wǎn)尔:微笑的样子。

【译文】

孔子来到武城,听到弹琴唱歌的声音。孔子微笑着说:"杀鸡何必用牛刀呀?"

子游回答说:"当初我听老师说过:'在官位的人学礼乐之道就会爱人,百姓学礼乐之道就容易听从使唤。'"

孔子说:"学生们,言偃的话说得对! 我刚才的话只是与他开玩笑罢了。"

　　公山弗扰以费畔①,召,子欲往。

　　子路不说,曰:"末之也已②,何必公山氏之之也③?"

　　子曰:"夫召我者,而岂徒哉? 如有用我者,吾其为东周乎! "

【注释】

①公山弗扰:或说即公山不狃,季氏家臣。以费畔:指公山弗扰盘

踞在费城反叛季氏。畔,通"叛"。

②末:无。之:前往。

③"何必"句:前一"之"字是助词,后一"之"字是动词。

【译文】

公山弗扰盘踞在费城发动叛乱,召孔子,孔子想去。

子路很不高兴,他说:"没有可去之处那就算了,为什么一定要去公山氏那里呢?"

孔子说:"那召我的人,难道只是空召我去吗?如果真有人用我,我将能在东方兴起周道吧!"

子张问仁于孔子。孔子曰:"能行五者于天下为仁矣。"

"请问之。"曰:"恭、宽、信、敏、惠。恭则不侮,宽则得众,信则人任焉,敏则有功,惠则足以使人。"

【译文】

子张问孔子怎样才是仁。孔子说:"能在天下实行五种品格就是仁了。"

子张说:"请问哪五种?"孔子说:"庄重,宽厚,诚信,勤敏,慈惠。庄重就不会遭受侮辱,宽厚就得众人之心,诚信就能被人任用,勤敏就能卓有成效,慈惠就能很好地使唤人。"

佛肸召①,子欲往。

子路曰:"昔者由也闻诸夫子曰:'亲于其身为不善者,君子不入也。'佛肸以中牟畔②,子之往也,如之何?"

子曰:"然,有是言也。不曰坚乎,磨而不磷③;不曰白乎,涅而不缁④。吾岂匏瓜也哉⑤?焉能系而不食?"

【注释】

①佛肸（bì xī）：晋国范氏、中行氏的家臣，任中牟邑宰。晋大夫赵
　简子攻范、中行，佛肸据中牟予以抗拒。

②中牟：晋国邑名。

③磷（lìn）：薄。

④涅（niè）：染黑。缁（zī）：黑色。

⑤匏（páo）瓜：一种植物，果实比葫芦大，味苦不被食用。

【译文】

佛肸召孔子，孔子想去。

子路说：“先前我听老师说过：‘自身做过坏事的那种人，君子是不
会去他那儿的。’佛肸依据中牟而叛乱，您却要去，这怎么说呢？”

孔子说：“对，我说过这样的话。但是，不是有真正坚硬的东西吗，
那是磨也磨不薄的；不是有真正洁白的东西吗，那是染也染不黑的。我
难道是那匏瓜吗？怎么能只是悬挂着而不被食用呢？”

　　子曰：“由也！女闻六言六蔽矣乎①？”对曰：“未也。”

　　“居！吾语女。好仁不好学，其蔽也愚。好知不好学，
其蔽也荡。好信不好学，其蔽也贼②。好直不好学，其蔽也
绞③。好勇不好学，其蔽也乱。好刚不好学，其蔽也狂。”

【注释】

①蔽：弊病。

②贼：伤害。

③绞：偏激。

【译文】

孔子说：“仲由呀！你听到过六个字概括的品德以及六种弊病吗？”
子路回答：“没有。”

　　孔子说:"你坐下,我告诉你。喜爱仁德而不喜爱学习,它的弊病是愚而不明。喜爱聪明而不喜爱学习,它的弊病是放荡不羁。喜爱诚信而不喜爱学习,它的弊病是自己反受伤害。喜爱直率而不喜爱学习,它的弊病是偏激尖刻。喜爱勇敢而不喜爱学习,它的弊病是作乱惹祸。喜爱刚强而不喜爱学习,它的弊病是轻率狂妄。"

　　子曰:"小子何莫学夫诗? 诗,可以兴①,可以观,可以群,可以怨。迩之事父,远之事君。多识于鸟兽草木之名。"

【注释】

①兴:譬喻,引譬连类。

【译文】

　　孔子说:"你们这些学生为什么没有人学习诗呢? 学习诗,可以培养联想力,可以提高观察力,可以加强合群性,可以掌握讥讽方法。近可用于事奉父母,远可用于事奉君主。还能从中多学得一些鸟兽草木的名称。"

　　子谓伯鱼曰:"女为《周南》《召南》矣乎①? 人而不为《周南》《召南》,其犹正墙面而立也与②? "

【注释】

①《周南》《召南》:现为《诗经·国风》开头两部分篇名。

②正墙面而立:即面墙而立,意谓既不能看见任何东西,也不能往前行进。

【译文】

　　孔子对伯鱼说:"你学了《周南》《召南》的诗吗? 一个人如果不学《周南》《召南》,那就好像面对墙壁而站立着吧? "

子曰："礼云礼云，玉帛云乎哉？乐云乐云，钟鼓云乎哉？"

【译文】

孔子说："礼呀礼呀，难道仅指玉帛等礼器而言吗？乐呀乐呀，难道仅指钟鼓等乐器而言吗？"

子曰："色厉而内荏①，譬诸小人，其犹穿窬之盗也与②？"

【注释】

①荏(rěn)：怯弱。

②穿窬(yú)：穿洞翻墙，指偷盗行为。

【译文】

孔子说："外表严厉而内心怯弱的人，如果用小人作比喻，大概像那穿洞翻墙的小偷吧？"

子曰："乡原①，德之贼也。"

【注释】

①乡原：乡里貌似忠厚，实则没有是非同流合污的人。原，同"愿"，谨慎老实。

【译文】

孔子说："貌似忠厚而没有是非的人，是道德的败坏者。"

子曰："道听而涂说，德之弃也。"

【译文】

孔子说:"在路上听到传言就四处传播,这是道德所摒弃的。"

子曰:"鄙夫可与事君也与哉①?其未得之也,患得之②。既得之,患失之。苟患失之,无所不至矣。"

【注释】

①鄙夫:指品德庸俗低劣的人。

②患得之:或以为当作"患不得之"。

【译文】

孔子说:"那种鄙夫,怎么能同他一起事奉君主呢?他在没有得到职位的时候,担心得不到。当他得到职位以后,又担心失去职位。如果担心失去职位,那就会无所不用其极了。"

子曰:"古者民有三疾,今也或是之亡也。古之狂也肆,今之狂也荡;古之矜也廉①,今之矜也忿戾;古之愚也直,今之愚也诈而已矣。"

【注释】

①廉:棱角。比喻人方正刚直。

【译文】

孔子说:"古代人有三种毛病,现在或许没有那个样子的毛病了。古代的狂人肆志直言,现在的狂人荡无所据;古代矜持的人方正刚直,现在矜持的人怒而好争;古代的愚人遂性直行,现在的愚人则是挟私欺诈罢了。"

子曰:"巧言令色,鲜矣仁!"①

【注释】

①此章重出，已见《学而篇》第三章。

【译文】

孔子说："花言巧语，容色伪善，这样的人很少有仁德。"

　　子曰："恶紫之夺朱也①，恶郑声之乱雅乐也②，恶利口之覆邦家者。"

【注释】

①紫之夺朱：古以朱为正色，紫是间色，即杂色。春秋时一些诸侯国国君以穿紫色衣服为时尚，渐以紫为贵，取代了朱色的地位。

②雅乐：纯正典雅的音乐。

【译文】

孔子说："我厌恶以紫色取代了朱色，厌恶郑国的音乐扰乱了典雅的正音，厌恶巧嘴利舌而颠覆了国家。"

　　子曰："予欲无言。"子贡曰："子如不言，则小子何述焉？"子曰："天何言哉？四时行焉，百物生焉，天何言哉？"

【译文】

孔子说："我不想再说什么了。"子贡说："如果您不说，那么我们传述什么呢？"孔子说："天说了什么呢？四季照样运行，百物照样生长，天说了什么呢？"

　　孺悲欲见孔子①，孔子辞以疾。将命者出户，取瑟而歌，使之闻之。

【注释】

①孺悲：鲁国人。《礼记·杂记》载有孺悲欲向孔子学士丧礼事。

【译文】

孺悲想见孔子，孔子以生病为由拒绝了。待传话的人刚走出门，孔子就取瑟边弹边唱，故意使孺悲听到。

宰我问："三年之丧，期已久矣。君子三年不为礼，礼必坏；三年不为乐，乐必崩。旧谷既没，新谷既升，钻燧改火①，期可已矣②。"

子曰："食夫稻③，衣夫锦，于女安乎？"

曰："安。"

"女安，则为之！夫君子之居丧，食旨不甘④，闻乐不乐，居处不安⑤，故不为也。今女安，则为之！"

宰我出。子曰："予之不仁也！子生三年，然后免于父母之怀。夫三年之丧，天下之通丧也。予也有三年之爱于其父母乎？"

【注释】

①钻燧：古代钻木取火的方法。燧，取火之木。改火：一年四季取火之木各不相同，一年一个轮回，称"改火"。

②期（jī）：一周年。

③稻：古代北方以稻为贵，故居丧期间不食用。

④旨：美味。

⑤居处：这里指与平日相同的居住生活。古代父母之丧，孝子要另筑草庐而居。

【译文】

宰我问道："父母死后要居丧三年，这个期限太长了。君子三年不习礼仪,礼仪必会废弃;三年不奏音乐,音乐必会亡失。陈谷已经吃完,新谷已经登场,取火之木的更换也经过了一个轮回,居丧一年也就可以了。"

孔子说:"居丧不到三年你就吃稻米,穿锦衣,你会心安吗?"

宰我说:"心安。"

孔子说:"如果你心安,那你就这么做好了!君子在居丧期间,吃美食无味,听音乐不快乐,住在家中不安适,因此不这样做。如今你觉得心安,那你就这样做好了!"

宰我退了出去。孔子说:"宰予不仁啊!儿女生下来,三年后才能离开父母的怀抱。那三年的丧期,是天下通行的呀。宰予对他死去的父母有三年之爱吗?"

子曰:"饱食终日,无所用心,难矣哉!不有博弈者乎①?为之,犹贤乎已②。"

【注释】

①博弈(yì):"博"和"弈"是两种棋类游戏。

②贤:胜过。已:止。

【译文】

孔子说:"整日吃饱了饭,无处用心,难有出息呀!不是有棋类游戏吗?即使做这样的游戏,也比什么都不做好些。"

子路曰:"君子尚勇乎?"子曰:"君子义以为上,君子有勇而无义为乱,小人有勇而无义为盗。"

【译文】

子路说:"君子崇尚勇敢吗?"孔子说:"君子认为义是最可崇尚的,

君子只有勇而没有义，就会逆反作乱；小人只有勇而没有义，就会成为强盗。”

子贡曰："君子亦有恶乎？"子曰："有恶。恶称人之恶者，恶居下流而讪上者①，恶勇而无礼者，恶果敢而窒者②。"

曰："赐也亦有恶乎？""恶徼以为知者③，恶不孙以为勇者，恶讦以为直者④。"

【注释】

①流：衍文，晚唐前《论语》无此字。讪：毁谤。

②窒：阻塞不通，指固执而不通事理。

③徼（jiāo）：抄袭。

④讦（jié）：揭发别人的隐私。

【译文】

子贡说："君子也有憎恶的事吗？"孔子说："有憎恶的事。憎恶喜欢议论别人坏处的人，憎恶居下位而毁谤位高者的人，憎恶勇敢而不懂礼的人，憎恶果敢而顽固不化的人。"

孔子接着问："赐，你也有憎恶的事吗？"子贡说："我憎恶抄袭别人而自以为聪明的人，憎恶不懂谦虚而自以为勇敢的人，憎恶揭人阴私而自以为正直的人。"

子曰："唯女子与小人为难养也，近之则不孙，远之则怨。"

【译文】

孔子说："只有女子与小人是最难养的，与他们亲近了，他们就会不逊从；与他们疏远了，他们就会怨恨。"

子曰："年四十而见恶焉，其终也已。"

【译文】

孔子说："到了四十岁还被人厌恶，这个人的一生是无望了。"

微子篇第十八

【题解】

　　本篇共十一章,比较集中地记述了孔子在出仕问题上的观念和原则。虽然记述的事件和言语不在一地一时,表达的角度也各有所异,但反映的则是孔子一贯的政治原则和人生追求。孔子以他的不懈追求说明着一个基本道理,出仕不仅是为了行道,还在于其本身就具有维护伦理秩序的意义。如果说长幼之节是存在于人类中的天然现象,不可能人为地消除,那么,由此延伸的君臣之义就同样不可废除。于是,一个具有自觉意识的人,理应以自己的行动去维护这一层伦理关系,如果人只考虑自身的高洁而不出仕,那么没有了臣,又何来君王的至尊地位。与此同时,孔子认识到,君臣之间的正常关系,需要君臣共同加以维护。不过,他除了从周公等古代圣贤身上看到自己的理想,现实留给他的只是无尽的失望。孔子历尽挫折,终究未能在仕途上完成自己的使命,但他对学生的教育则始终贯彻着他的出仕原则,这在本篇也得到了充分表现。

　　微子去之^①,箕子为之奴^②,比干谏而死^③。孔子曰:"殷有三仁焉。"

【注释】

①微子:殷纣王的哥哥,名启。见纣王无道而离去。

②箕子:殷纣王的叔父。屡谏纣王而不听,于是装疯,被囚为奴。

③比干：殷纣王的叔父。强谏纣王而被杀。

【译文】

微子离开了纣王，箕子成为纣王的奴隶，比干进谏而被杀。孔子说："殷朝有三位仁人。"

柳下惠为士师①，三黜。人曰："子未可以去乎？"曰："直道而事人，焉往而不三黜？枉道而事人，何必去父母之邦？"

【注释】

①士师：官名。掌管律令刑狱。

【译文】

柳下惠担任典狱官，多次被罢免。有人对他说："您不可以离开鲁国吗？"他说："坚守正道而事奉人，到哪里不是屡被罢免？如果按照邪道事奉人，那又何必要离开自己的父母之国呢？"

齐景公待孔子曰："若季氏，则吾不能；以季、孟之间待之①。"

曰："吾老矣，不能用也。"孔子行。

【注释】

①季、孟之间：鲁国三卿中，季氏为上卿，位最贵，孟氏为下卿，故有此季、孟之间的说法。

【译文】

齐景公讲到如何对待孔子时说："像鲁君对待季氏那样来待孔子，我做不到，我以介于季氏和孟氏之间的待遇来对待他。"

后来他又说："我老了，不能够用他了。"于是孔子离开了齐国。

齐人归女乐①，季桓子受之②，三日不朝，孔子行③。

【注释】

①归：通"馈"，赠送。女乐：歌舞伎。

②季桓子：鲁国大夫季孙斯，鲁定公时为实际执政者。

③孔子行：事在鲁定公十三年，孔子时任鲁国司寇，他辞职离开鲁国即前往卫国。

【译文】

齐国向鲁国赠送一批歌姬舞女，季桓子接受了，且三天不行朝礼听政，于是孔子离开了鲁国。

楚狂接舆歌而过孔子曰①："凤兮凤兮！何德之衰？往者不可谏，来者犹可追。已而，已而！今之从政者殆而！"

孔子下，欲与之言。趋而辟之，不得与之言。

【注释】

①接舆：楚国一位装作狂人的隐者。"接舆"不是他的姓名，因接孔子之车舆，遂作此称。

【译文】

楚国狂人接舆歌唱着走过孔子坐的车，他唱道："凤呀凤呀！为什么你的德行这样的衰微？以往的已不可挽回，未来的还可以追补。罢了，罢了！现在的当政者都是些危殆不可救的人啊！"

孔子下车，想同他说话。接舆快步避开了，孔子没能和他交谈。

长沮、桀溺耦而耕①，孔子过之，使子路问津焉②。

长沮曰："夫执舆者为谁③？"

子路曰："为孔丘。"

曰:"是鲁孔丘与?"

曰:"是也。"

曰:"是知津矣④。"

问于桀溺。

桀溺曰:"子为谁?"

曰:"为仲由。"

曰:"是鲁孔丘之徒与?"

对曰:"然。"

曰:"滔滔者天下皆是也,而谁以易之⑤?且而与其从辟人之士也⑥,岂若从辟世之士哉?"耰而不辍⑦。

子路行以告。

夫子怃然曰⑧:"鸟兽不可与同群,吾非斯人之徒与而谁与?天下有道,丘不与易也。"

【注释】

①长沮(jù)、桀溺:两个隐者,此不是真实姓名。耦(ǒu)而耕:两人并耕。

②津:渡口。

③执舆:即执辔,手持马缰绳。本是子路执辔驾车,因子路下车问津,故孔子代为执辔。

④是知津矣:这是讽刺孔子的话,意谓他长期在外周游,故熟知渡口。

⑤以:相当于"与"。

⑥而:你。

⑦耰(yōu):用土覆盖播下的种子。

⑧怃(wǔ)然:怅然失意的样子。

【译文】

长沮、桀溺两人一起在耕田,孔子从田边经过,让子路向他们问问渡口在哪里。

长沮说："车上手持马缰绳的那个人是谁？"

子路说："是孔丘。"

长沮问："是鲁国的孔丘吗？"

子路说："是的。"

长沮说："他自己就知道渡口在哪里。"

子路又问桀溺。

桀溺说："您是谁？"

子路说："我是仲由。"

桀溺说："您是鲁国孔丘的门徒吗？"

子路回答："是。"

桀溺说："如同那江水滔滔，遍天下都一般混乱，能够同什么人去改变它？而你与其跟从那逃避坏人的人，还不如跟从逃避社会的人。"他一面说，一面不停地耙土。

子路回来把这些话告诉孔子。

孔子怅然若失地说："我们不可与鸟兽合群共处，我们不与人群交往又与什么交往呢？若天下有道，我也不用与你们一起进行变革了。"

子路从而后，遇丈人①，以杖荷蓧②。

子路问曰："子见夫子乎？"

丈人曰："四体不勤，五谷不分，孰为夫子？"植其杖而芸③。

子路拱而立。

止子路宿，杀鸡为黍而食之，见其二子焉。

明日，子路行以告。

子曰："隐者也。"使子路反见之。至，则行矣。

子路曰："不仕无义。长幼之节，不可废也；君臣之义，如之何其废之？欲洁其身，而乱大伦。君子之仕也，行其义也。道之不行，已知之矣。"

【注释】

①丈人：老人。

②荷：肩负。蓧（diào）：用于除草的竹制农具。

③植：竖立。芸：通"耘"，除草。

【译文】

子路随从孔子行走时落在了后面，他遇见一位老人，老人用拐杖担着除草农具。

子路问他："您看见我的老师吗？"

老人说："你这人四肢不劳动，五谷不能分辨，什么人是你的老师呀？"说着，把拐杖插立在地上去除草了。

子路拱着手恭敬地站着。

老人留子路到他家宿夜，杀鸡做饭给他吃，并让自己的两个儿子与子路相见。

第二天，子路辞别，到孔子那里把这件事告诉了他。

孔子说："这是一位隐士。"让子路再返回去见他。子路到了老人的家，老人却已出行。

子路说："不肯做官是不合义的。长幼之间的关系是不可能废弃的，那么君臣之间的关系又怎么能废弃呢？想使自身保持高洁，却是损坏了君臣大伦。君子出来做官，也就是为了实行君臣之义。至于道不能够实行，这早就知道了。"

逸民①：伯夷、叔齐、虞仲、夷逸、朱张、柳下惠、少连②。子曰："不降其志，不辱其身，伯夷、叔齐与！"谓"柳下惠、少连，降志辱身矣，言中伦，行中虑，其斯而已矣"。

谓"虞仲、夷逸，隐居放言③，身中清，废中权④。我则异于是，无可无不可"。

【注释】

①逸民：遗佚于世的人。

②虞仲、夷逸、朱张、少连：四人事迹不可确考。

③放言：不谈世事的意思。放，置。

④权：权变，因事制宜。

【译文】

遗佚于世的人有：伯夷、叔齐、虞仲、夷逸、朱张、柳下惠、少连。孔子说："他的志向不屈抑，他的人身不受辱，这是伯夷、叔齐吧！"又说"柳下惠、少连，他们志有所屈身有所辱，但言语合于伦理，行为经过思虑，也就这样罢了"。又说"虞仲、夷逸，他们隐居而不谈世事，自身保持清白，废弃世事也合乎权变的道理。我则不同于这些人，我不是这样才可以，也不是这样就一定不可以"。

大师挚适齐①，亚饭干适楚②，三饭缭适蔡，四饭缺适秦，鼓方叔入于河③，播鼗武入于汉④，少师阳、击磬襄入于海⑤。

【注释】

①大师：鲁国乐官之长。大，同"太"。挚：人名。

②亚饭：乐师。古代天子诸侯吃饭时都奏乐，每次吃饭所奏音乐各异，亚饭即第二次进食时奏乐的乐师。以下三饭、四饭也由此得名。干：人名。以下"缭""缺"皆人名。

③鼓：击鼓者。方叔：人名。

④播：摇。鼗（táo）：一种摇鼓。武：人名。

⑤少师：乐官名。阳：人名。襄：人名。

【译文】

太师挚去了齐国，亚饭乐师干去了楚国，三饭乐师缭去了蔡国，四饭乐师缺去了秦国，击鼓的方叔入居黄河一带，摇小鼓的武入居汉水一带，少师阳和击磬的襄入居海边。

周公谓鲁公曰①："君子不施其亲②，不使大臣怨乎不以③。故旧无大故④，则不弃也。无求备于一人。"

【注释】

①鲁公：周公的儿子伯禽，封于鲁。

②施：通"弛"，遗弃，忘却。

③以：用。

④大故：指严重的罪恶过失。

【译文】

周公对鲁公说："君子不冷落他的亲族，不使大臣怨恨自己没被任用。老臣故友没有严重的过错，就不要遗弃他。不要对一个人求全责备。"

周有八士：伯达、伯适、仲突、仲忽、叔夜、叔夏、季随、季骊①。

【注释】

①八人的事迹不可考。骊，音 guā。

【译文】

周朝有八位士人：伯达、伯适、仲突、仲忽、叔夜、叔夏、季随、季骊。

子张篇第十九

【题解】

本篇共二十五章,全部是孔子学生的言论。这些言谈当发生在孔子去世以后,故先于孔子去世的一些学生,如颜回、子路等均未出现。本篇结构即以孔子五个学生的先后排列而成。在孔子身后,这五个学生都有比较大的影响。《韩非子·显学》称孔子以后儒分为八,子张之儒列于第一;子夏授学于西河,门下多有知名儒者;子游、曾参均设坛讲学,孟子理论受到他们的影响甚多;子贡则以政事见长,建有不少实际功绩。本篇所论既有君子士人的学习、品行、立身行事等内容,也有同门间对某些问题的讨论交流,同时也可看到学生们对孔子的久远怀思。

子张曰:"士见危致命,见得思义,祭思敬,丧思哀,其可已矣。"

【译文】

子张说:"士人遇见危险能献出生命,见有所得能考虑是否合乎义,祭祀时想到恭敬,居丧时想到哀伤,那也就可以了。"

子张曰:"执德不弘,信道不笃,焉能为有?焉能为亡①?"

【注释】

①"焉能为有"两句：意谓这样的人有或没有都无足为重，无不足为轻。

【译文】

子张说："持守道德却不能光大，信仰大道却不忠诚，这种人怎能算他有？又怎能算他没有？"

子夏之门人问交于子张。子张曰："子夏云何？"

对曰："子夏曰：'可者与之，其不可者拒之。'"

子张曰："异乎吾所闻。君子尊贤而容众，嘉善而矜不能①。我之大贤与，于人何所不容？我之不贤与，人将拒我，如之何其拒人也？"

【注释】

①矜（jīn）：同情，怜悯。

【译文】

子夏的学生问子张怎样交友。子张问："子夏怎么说呢？"

学生答道："子夏说：'可以为友的就与他相交，不可为友的就拒绝与他相交。'"

子张说："我所听到的与此不同。君子尊重贤人而容纳众人，称赞善人而怜悯无能的人。我若是个大贤呢，对什么人不能容纳？我若是个不贤之人，那别人就会拒绝我，我怎么可能去拒绝别人呢？"

子夏曰："虽小道，必有可观者焉，致远恐泥①，是以君子不为也。"

【注释】

①泥：滞陷不通。

【译文】

子夏说:"即使是小技艺,也必有可取的地方,但恐怕妨碍远大事业的实现,所以君子不从事小技艺。"

子夏曰:"日知其所亡,月无忘其所能,可谓好学也已矣。"

【译文】

子夏说:"每天能知道自己原来所不知道的,每月能不忘记自己已经学到的,这可说是好学的了。"

子夏曰:"博学而笃志,切问而近思,仁在其中矣。"

【译文】

子夏说:"广博地学习,并能坚守志趣;问与自己所学切近的问题,并思考近前的事,仁就在其中了。"

子夏曰:"百工居肆以成其事①,君子学以致其道。"

【注释】

①肆:手工业作坊。

【译文】

子夏说:"各种工匠居于作坊来完成他们的工作,君子通过学习来获得道。"

子夏曰:"小人之过也必文。"

【译文】

子夏说："小人有了过错必作掩饰。"

子夏曰："君子有三变：望之俨然，即之也温，听其言也厉。"

【译文】

子夏说："君子有三个变化的形象：远远望去庄重威严，与他接近温和可亲，听他说话义正辞严。"

子夏曰："君子信而后劳其民；未信，则以为厉己也①。信而后谏；未信，则以为谤己也。"

【注释】

①厉：虐害，欺压。

【译文】

子夏说："君子在取得信任后才使唤百姓；未取得信任就这样做，百姓会以为是虐害他们。君子在取得信任后才进谏君主；未取得信任就这样做，君主会以为是诽谤他。"

子夏曰："大德不逾闲①，小德出入可也。"

【注释】

①闲：栅栏等阻隔物。这里指界限。

【译文】

子夏说："大的德行不可逾越界限，小的德行有些出入是可以的。"

　　子游曰:"子夏之门人小子,当洒扫应对进退,则可矣,抑末也。本之则无,如之何?"

　　子夏闻之,曰:"噫!言游过矣!君子之道,孰先传焉?孰后倦焉①?譬诸草木,区以别矣。君子之道,焉可诬也?有始有卒者,其惟圣人乎!"

【注释】

　　①"孰先传焉"两句:意谓传授君子之道,哪里是刻板地确定什么在先什么在后,而放在后面传授的也不表示倦于教诲,其实只是根据弟子的学业情况区别对待而已。倦,这里用"诲人不倦"的语义,即倦教的意思。

【译文】

　　子游说:"子夏的这些学生啊,让他们担当洒水扫地及以言辞仪容应对宾客,那是可以的,但这只是细枝末节罢了。至于根本的道理却没有学到,这怎么行呢?"

　　子夏听到了这番话,说:"咳!言游的话错了!君子之道,哪里是什么内容一定先传授?什么内容放在后面就倦于教诲?其实就像草木,是要对不同种类加以区别的。君子之道,怎么可以欺诬?而能对道按本末顺序、有始有终贯通的,大概只有圣人了!"

　　子夏曰:"仕而优则学,学而优则仕。"

【译文】

　　子夏说:"做官而有余力便去学习,学习而有余力便去做官。"

　　子游曰:"丧致乎哀而止。"

【译文】

子游说:"居丧能充分表达哀情就可以了。"

子游曰:"吾友张也为难能也,然而未仁。"

【译文】

子游说:"我的朋友子张可说是难能可贵的了,但还没有达到仁。"

曾子曰:"堂堂乎张也①,难与并为仁矣。"

【注释】

①堂堂:形容容貌仪表壮伟。或说形容为人高不可及,不平易亲近。
　今从前说。

【译文】

曾子说:"子张仪容堂堂,难于和他共行仁道啊。"

曾子曰:"吾闻诸夫子:人未有自致者也①,必也亲丧
乎!"

【注释】

①致:竭尽。这里指真情不能自已而尽其极。

【译文】

曾子说:"我听老师说过:人没有自己竭尽其情的,如有,一定是遇
到父母去世的时候吧!"

曾子曰:"吾闻诸夫子:孟庄子之孝也①,其他可能也,
其不改父之臣与父之政,是难能也。"

【注释】

①孟庄子：鲁国大夫，姓仲孙，名速。其父仲孙蔑，即孟献子，也是
　鲁国大夫，有贤德。

【译文】

曾子说："我听老师说过：孟庄子的行孝，别的方面还可做到，而他
不换父亲所用的人，不变父亲所实行的政事，这是很难做到的。"

孟氏使阳肤为士师①，问于曾子。曾子曰："上失其道，
民散久矣。如得其情，则哀矜而勿喜！"

【注释】

①阳肤：曾子学生。

【译文】

孟氏命阳肤任典狱官，阳肤向曾子请教。曾子说："在上位的人不
按道行事，民心离散已久。如果你审知犯罪实情，应该哀悯他们，而不
要高兴自己的明察！"

子贡曰："纣之不善①，不如是之甚也。是以君子恶居下
流②，天下之恶皆归焉。"

【注释】

①纣：商朝末代君王。
②下流：地势低下的处所。比喻恶名归集的地位。

【译文】

子贡说："纣王的不善，也不像如今传说的那样厉害。所以君子不肯
居于下流之地，以致天下的恶名都归集到他身上。"

子贡曰："君子之过也，如日月之食焉。过也，人皆见之；更也，人皆仰之。"

【译文】

子贡说："君子的过失犹如日食月食。有过失的时候，人人都能看见；改正的时候，人人都仰望着。"

卫公孙朝问于子贡曰[1]："仲尼焉学？"子贡曰："文武之道，未坠于地，在人。贤者识其大者，不贤者识其小者。莫不有文武之道焉。夫子焉不学？而亦何常师之有？"

【注释】

①公孙朝：卫国大夫。

【译文】

卫国的公孙朝问子贡说："仲尼的学问是从哪里学得的？"子贡说："文王、武王之道并没有流失，就存在人世。贤者认识到它的大处，不贤者只知道它的枝节。没有一处不存有文王、武王之道。我的老师何处不能学习？又哪里有固定的传授之师呀？"

叔孙武叔语大夫于朝曰[1]："子贡贤于仲尼。"

子服景伯以告子贡。

子贡曰："譬之宫墙[2]，赐之墙也及肩，窥见室家之好。夫子之墙数仞[3]，不得其门而入，不见宗庙之美，百官之富[4]。得其门者或寡矣。夫子之云[5]，不亦宜乎！"

【注释】

①叔孙武叔：鲁国大夫，名州仇，谥号武。

②宫墙：围墙。

③仞（rèn）：古代长度单位。一仞为七尺，或说八尺。

④宫：房舍。

⑤夫子：指叔孙武叔。

【译文】

叔孙武叔在朝中对诸大夫说："子贡比仲尼更优秀。"

子服景伯把这话告诉子贡。

子贡说："就用围墙作比方吧，我家的围墙只有肩膀那么高，人们可以直接望见墙内房屋的美好。我老师的围墙高达数丈，不找到大门进入，就不能看到宗庙的华美和房舍的富丽。而能找到大门的人或许不多吧。那位先生这样说，不也是自然的吗！"

　　叔孙武叔毁仲尼。子贡曰："无以为也！仲尼不可毁也。他人之贤者，丘陵也，犹可逾也。仲尼，日月也，无得而逾焉。人虽欲自绝，其何伤于日月乎？多见其不知量也①。"

【注释】

①多：通"祇"，不过。

【译文】

　　叔孙武叔毁谤仲尼。子贡说："不要这样做！仲尼是毁谤不了的。其他贤者好比是丘陵，还可以逾越。仲尼好比是日月，不可能逾越。即使有人自己要与日月决绝，那对日月又有什么损害呢？这只是显出他的不自量罢了。"

　　陈子禽谓子贡曰："子为恭也，仲尼岂贤于子乎？"

　　子贡曰："君子一言以为知，一言以为不知，言不可不慎也。夫子之不可及也，犹天之不可阶而升也。夫子之得邦家者, 所谓立之斯立, 道之斯行, 绥之斯来, 动之斯和。其生也荣, 其死也哀, 如之何其可及也? ”

【译文】

陈子禽对子贡说:“你不过是恭谦吧, 难道仲尼真比你优秀吗? ”

子贡说:“君子可由一句话显出他的聪明, 也可由一句话显出他的无知, 所以出言不可不谨慎啊。我的老师是不可企及的, 犹如天不可用阶梯攀升一样。如果我的老师得国为诸侯, 或得封邑为卿大夫, 那真如我们所说的, 教百姓立身于世, 百姓就会立身于世; 引导百姓, 百姓就前行; 安抚百姓, 百姓就来归附; 鼓动百姓, 百姓就齐心协力。他生而享有尊荣, 死而令人哀痛, 他怎么能够企及呢? ”

尧曰篇第二十

本篇共三章。首章记叙尧、舜、禹、商汤及周武王治理天下的重要言论，并进而提出了当今治政的基本原则。次章记叙孔子与子张关于治政的对话，中心内容是如何治理教化民众的问题，孔子提出的"五美""四恶"集中表达了他对从政者的理想化要求。末章为孔子知命立身之论。关于本篇内容后人多有存疑者。《汉书·艺文志》云："《论语》古二十一篇。"注曰："出孔子壁中，两《子张》。"有人据此认为本篇后两章当别为一篇，与以上第十九篇构成两个《子张篇》，并以为产生这种情况是因为《论语》非一人所撰。又有人认为本篇首章相当于全书的后序。也有人认为本篇继历代圣君而陈述后王之法，实乃战国末年出现的观念，故疑此文字为后人附加。可谓诸说纷呈，莫衷一是。不过，认为本篇文字有脱佚，则是大多数学者所认同的。

尧曰："咨！尔舜！天之历数在尔躬①，允执其中②。四海困穷，天禄永终。"

舜亦以命禹。

曰："予小子履敢用玄牡③，敢昭告于皇皇后帝④：有罪不敢赦。帝臣不蔽，简在帝心⑤。朕躬有罪⑥，无以万方。万方有罪，罪在朕躬。"

周有大赉⑦，善人是富。"虽有周亲⑧，不如仁人。百姓有过，在予一人。"

　　谨权量⑨，审法度⑩，修废官，四方之政行焉。兴灭国，继绝世，举逸民，天下之民归心焉。

　　所重：民、食、丧、祭。

　　宽则得众，信则民任焉⑪，敏则有功，公则说。

【注释】

①历数：指帝王相继的次序。

②允：诚信。

③履：商汤的名字。玄牡：黑色的公牛。或说这一段是商汤祈雨之词。

④昭：明白。后帝：天帝。

⑤简：即简阅、考察。

⑥朕：我。自秦始皇以后专作皇帝的自称。

⑦赉（lài）：赏赐。这里指封诸侯。

⑧周亲：至亲。或说此下四句即周武王封诸侯之辞。

⑨权：秤。量：斗斛。

⑩法度：指量长度的寸、尺、丈等。

⑪信则民任焉：有多个版本无此句，故有人疑此句为衍文。

【译文】

　　尧说："唉！舜啊！上天所定的帝王列位已经落到你身上了，要忠实地执行正确原则。如果四海百姓陷入穷困之中，上天赐你的禄位也就永远终结了。"

　　舜也以同样的话告诫禹。

　　商汤说："我小子履谨用黑色公牛作祭品，明白地禀告庄严伟大的天帝：对于有罪的人我不敢擅自赦免。对于天帝臣仆的善恶，我也不会欺瞒掩盖，天帝心中自是明察一切。我若有罪，不要牵累天下万方。天下万方若有罪，则归我一人承担。"

　　周朝广封诸侯，使善人都富贵起来。"我虽有至亲，但不如有仁人。

如果百姓有过失，由我一人承担。"

　　谨慎检验并审定度量衡，修复废弃不全的官职，四方的政令就通行了。复兴灭亡的国家，再续受封者断绝的后代，举用遗逸的人才，天下的百姓都会诚心归附了。

　　所重视的是：百姓、粮食、丧礼、祭祀。

　　宽厚就得民心，诚信就得人任用，勤敏就会有功绩，公平就会使百姓高兴。

　　子张问于孔子曰："何如斯可以从政矣？"
　　子曰："尊五美，屏四恶①，斯可以从政矣。"
　　子张曰："何谓五美？"
　　子曰："君子惠而不费，劳而不怨，欲而不贪，泰而不骄，威而不猛。"
　　子张曰："何谓惠而不费？"
　　子曰："因民之所利而利之，斯不亦惠而不费乎？择可劳而劳之，又谁怨？欲仁而得仁，又焉贪？君子无众寡，无小大，无敢慢，斯不亦泰而不骄乎？君子正其衣冠，尊其瞻视②，俨然人望而畏之，斯不亦威而不猛乎？"
　　子张曰："何谓四恶？"
　　子曰："不教而杀谓之虐；不戒视成谓之暴；慢令致期谓之贼；犹之与人也③，出纳之吝谓之有司④。"

【注释】
①屏（bǐng）：除去。
②瞻视：指外观、仪容。
③犹之：均之，同样。
④出纳：这里是"出"的意思。有司：负责具体事务的小吏。这里

　　表示治理政事不可像有司处理具体事务那样刻板琐细。

【译文】

　　子张问孔子说:"怎样才可以从事政治?"

　　孔子说:"尊崇五种美德,摒除四种恶政,这样就可以从事政治了。"

　　子张问:"五种美德指什么?"

　　孔子说:"君子施惠于民而自己无所耗费,使唤百姓而百姓不怨恨,有意欲而无所贪求,安泰而不骄傲,威严而不凶猛。"

　　子张问:"怎样才是施惠于民而自己无所耗费?"

　　孔子说:"根据百姓能够得到利益的具体所在而使他们得利,这不就是施惠于民而自己无所耗费吗?选择可以使唤百姓的时候而使唤他们,又有谁会怨恨呢?意欲仁道而达到仁道,又贪求什么呢?无论人多人少,无论势力大小,君子都不敢怠慢,这不就是安泰而不骄傲吗?君子衣冠整齐,仪容尊严,庄重的神情令人望见就生出敬畏之心,这不就是威严而不凶猛吗?"

　　子张问:"四种恶政是什么呢?"

　　孔子说:"不先行教育就加杀戮叫做虐;不先告诫而要求立即成功叫做暴;政令下达后,前期懈怠,后突然限期紧迫叫做贼;同是给人财物,却锱铢必较,这是具体办事人员的作派。"

　　孔子曰:"不知命,无以为君子也。不知礼,无以立也。不知言,无以知人也。"

【译文】

　　孔子说:"不懂得命,不能成为君子。不懂得礼,不能立身于社会。不懂得辨析别人的言语,不能了解人。"

孝经

前言

　　中国的古书浩如烟海，如果让我们从这浩茫的书海中评选出一部字数最少、内容最浅，而影响最大、争议最多的著作，那毫无疑问要数《孝经》了。

　　《孝经》总字数不过一千八百余言，可是，两千年来，上至帝王将相，下至黎民百姓，广为传习，备加尊崇，影响所及，远至异族异国。《孝经》文义浅白，基本上没有诘屈聱牙的字句，可是围绕着它的作者、成书时代、文字异同、传注源流等一系列问题，千余年来论战不休。爰及近代，更将邻邦日本的学者也牵扯进这场笔墨官司中。我们认为，《孝经》确是中国文化史上最重要的典籍之一，要了解古代的中国社会，要了解源远流长的封建宗法制度，要了解根深蒂固的以"忠孝"为核心的封建思想，就必须对《孝经》作一番透彻的研究。有人说，"孝道是中国固有文化的精华，而《孝经》是阐发此种精华的典籍"。但此说未必允当。《孝经》一书，虽也谈孝，但核心却并不在阐发孝道，而在以"孝"劝"忠"。今天读《孝经》必须用新的观点和材料，对其作全面的考察，给予正确的、公允的评价。

一　《孝经》的作者、成书及书名

　　《孝经》的作者，历来众说纷纭，概括起来大约有八种说法。

　　1.孔子说。见班固《汉书·艺文志》。

　　2.曾子说。见司马迁《史记·仲尼弟子列传》。

　　3.曾子门人说。宋人胡寅说，见朱彝尊《经义考》卷二二二。

4.子思说。宋人冯椅说,见王应麟《困学纪闻》。

5.孔子门人说。见司马光《古文孝经指解序》。

6.齐鲁间儒者说。朱熹说,见《经义考》卷二二二。

7.孟子门人说。近人王正己说,见《古史辨》第四册《孝经今考》。

8.汉儒说。姚际恒说,见《古今伪书考》。

这八种说法,反映了《孝经》真伪之争中两种完全对立的观点。前五说,还把《孝经》看作上古之书。后三说,都把《孝经》看成是后人编撰之书,即是伪书。还有一种折衷意见说,先秦虽然确实有《孝经》,但因文简义浅,传诵者甚少,经秦始皇焚书坑儒,遂告绝亡。到汉初,有些儒生利用《吕氏春秋》引用过的《孝经》文字,杂糅先秦各书,伪纂成今本《孝经》。指斥《孝经》是伪书的人,都是使用传统的辨伪方法得出这一结论的。特别是近代"疑古派"的先生们,"辨伪"大帚几乎要把早期的古籍都扫进伪书的行列中。然而,自二十世纪七十年代以来,地下出土的大量的战国、秦、汉简帛文书的整理成果,却从根本上动摇了这旧有的方法和旧日的结论。近来,已有学者利用丰富的地下发现对古书的年代进行了"再认识"。他们指出,古书往往不题撰人,并没有概念明确的作者;许多古籍非成于一时,又非出于一手;有些古籍又经过后人整理,甚至也有附益和增饰,尽管如此,也不能把这些古籍斥为伪作。我们是赞同这种看法的。

《孝经》记载了孔子向曾参讲述孝道的言论,上古时没有后代那样的著作意识,讲述就是一种创作。孔子当然是《孝经》作者。但是,孔子最初的讲述可能是零散的,不系统的,比较口语化的,他的学生把这些言论记录下来,归纳整理,甚至还进行过文字上的润饰、加工。最初做这项工作的可能是曾参,后来是曾参的学生,因此,文中曾参也被称为"曾子"。从这个意义上说,孔子、曾子和他的学生(或学生的学生)都是《孝经》的作者。

《孝经》的成书,至迟不晚于公元前241年,这一年《吕氏春秋》修成,其中《察微篇》和《孝行篇》都引用了《孝经》文字。所以，汪中《经义知新记》说:"《孝行》《察微》二篇并引《孝经》,则《孝经》为先秦古籍明。"

有人指出,《孝经》与《荀子》《左传》《孟子》等书文字内容有雷同之处,乃是《孝经》抄袭了这几种书。这个问题需要分析。如其所引《左传》有关文字,全是当时的名臣名言,这些言论也会通过一定的渠道在社会上传播,也可能载入官方的"史记",其他人就有可能借用或发挥。这里并不存在谁抄袭谁的问题,而是《左传》与《孝经》有着共同的史实依据。有人认为《孝经》与《孟子》也有些联系。清人陈澧《东塾读书记》说:"《孟子》七篇中,多与《孝经》相发明。"清人任大椿《孝经本义·序》说:"《孝经》一书,孔子为曾氏而作,而曾氏门人次而成之者也。……再传至孟子,复推明是书以昭后世。"(《有竹居集》卷八)他注意到孟子与《孝经》的关系是对的,但说孟子"推明是书"却缺乏根据。实际上,《孟子》思想与《孝经》的一些观点并不一致。那么,在《孟子》成书前后,对《孝经》进行过整理工作的人是谁呢? 我们推测,可能是乐正子春和他的学生,或者是他的学生的学生。

乐正子春似乎与"孝道"、《孝经》有些特殊的关系。文献中关于他的孝行故事很多,而且往往与《孝经》的内容有联系。《礼记·祭义》里也记了他的论孝言论,说是"吾闻诸曾子,曾子闻诸夫子"。《礼记》及《公羊传》都有他孝亲的故事。从师承关系上说,乐正子春是曾子的学生,曾子临终,他与曾子的两个儿子曾元、曾申守在病榻边。他与孟子时代较近,而孟子约生于公元前 385 年,卒于公元前 304 年。认定《孝经》在战国晚期曾由乐正子春的弟子(或再传弟子) 加以整理,就能够解释许多现象。

关于《孝经》的名称,也是一个长期纷争不已的问题。班固在《汉书·艺文志》中说:

夫孝,天之经,地之义,民之行也。举大者言,故曰《孝经》。

后人对此大有怀疑。我们认为,《孝经》称之为"经",与《易》《诗》《书》称"经"意思并不完全相同。《易经》《诗经》《书经》是汉人把儒家著作奉为经典后加上去的,《孝经》的"经"是道理、原则、方法的意思。事实上,书名、篇名中的"经"字并不都是"后代俗人"所加,先秦诸子书中其例甚多,出土材料中也有例证。马王堆三号汉墓出土的《老子》乙本卷前古佚书中有《经法》《十六经》等,皆为战国晚期的著作。邢昺《孝经注疏》说"经"是"常行之典",突出了"典"的意思是不对的。皇侃在《孝经义疏》中说:"经者,常也,法也。……言孝之为教,使可常而法之……故名曰《孝经》。"这样诠释就比较妥当。用今天的话说,《孝经》就是"关于孝的道理""行孝的方法"的意思。《吕氏春秋》已引用了《孝经》这一名称,可见它在战国时甚至在最早成书时固已有之,并不是后代将它奉为经典后才加上去的。

二　《孝经》的今文和古文、郑注和孔传

战国时期,秦国用"籀文"(大篆),而东方六国各有自己的文字,汉代人称之为"古文"。先秦典籍多用"古文"书写流传,在秦代被禁绝,至汉代复出,一些学者用当时流行的隶书转录或抄写这些典籍,于是便有了"今文"本。学习研究与传布不同的文本,便成为不同的学派。《孝经》也有今文和古文之别,今文有郑注,古文有孔传,历史上斗争十分激烈。

今文《孝经》,据《隋书·经籍志》说:"遭秦焚书,为河间人颜芝所藏。汉初,芝子贞出之,凡十八章,而长孙氏、博士江翁、少府后仓、谏议大夫翼奉、安昌侯张禹皆名其学。"又说:"至刘向典校经籍,以颜本比古文,除其繁惑,以十八章为定。郑众、马融并为之注。又有郑氏注,相传或云郑玄,其立义与玄所注余书不同,故疑之。"

而古文《孝经》,据《汉书·艺文志》和《说文解字·叙》说,武帝时,鲁恭王得之于孔子故居的墙壁之中,同时发现的还有《尚书》《论语》

《礼记》等数十篇古文典籍。许慎之子许冲在《上〈说文解字〉表》里
却说：

> 慎又学《孝经》孔氏古文说。古文《孝经》者，孝昭帝时，鲁国
> 三老所献。建武时，给事中议郎卫宏所校，皆口传，官无其说，谨撰
> 具一篇并上。

段玉裁在《说文解字注》里解释说，这是因为汉武帝时发现的壁中
书，孔安国只献出了古文《尚书》一种，所以才有昭帝时鲁国三老献古文
《孝经》之事。

《汉志》又收录有"《孝经》古孔氏一篇，二十二章"。颜师古注曰："刘
向云：古文字也。《庶人章》分为二也，《曾子敢问章》为三，又多一章，凡
二十二章。"最早提到孔安国为古文《孝经》作传的是王肃的《孔子家语
后序》。而后，《隋志》也记载了孔传流传的情况，说古文《孝经》与古文
《尚书》同出，"孔安国为之传。……梁代，安国及郑氏二家，并立国学，而
安国之本，亡于梁乱。陈及周、齐，唯传郑氏。至隋，秘书监王劭于京师
访得孔传，送至河间刘炫"。刘炫为此作了《议疏》，但一些儒者怀疑这
是刘炫伪造之作，非孔安国旧本。

关于《孝经》今文与古文，郑注与孔传的一次大论争发生在唐开元七
年（719）。当时，唐玄宗诏令群儒质定《孝经》。左庶子刘知幾主张行用
古文，国子祭酒司马贞则指斥孔传"文句凡鄙，不合经典"。结果，玄宗最
后裁定："郑仍旧行用，孔注传习者稀，亦宜继绝之典。"开元十年（722），
唐玄宗参用孔传、郑注以及韦昭、王肃、虞翻、刘劭、刘炫、陆澄等人的注
解，以今文《孝经》为底本，作了"御注"。天宝二年（743），玄宗又作了
增补修订，重注《孝经》，并刻石颁行天下。

五代之乱，郑注与孔传都亡佚了。北宋时，日本奈良东大寺高僧奝
（diāo）然出使中国，所献古书有《孝经》郑注，其事约在太宗雍熙元年
（984）。大概到北宋末年，《孝经》郑注又在战火中佚失。

唐以后，《孝经》今、古文之争仍在延续。北宋王安石用今文作《孝

经解》，司马光则从国家书库里找到一个古文本，作了《古文孝经指解》。后来，朱熹以古文本为依据，把《孝经》分割为经、传两个部分。元代吴澄则用类似的方法，以今文本为依据，分《孝经》为经、传。清代，顺治帝《御注孝经》、雍正帝《御纂孝经集注》及康熙时颁行的"满汉合璧本"《孝经》都用今文。总的说来，唐以后《孝经》传播的大势是今文占主导地位，而古文也代有传人。

《孝经》郑玄注和孔安国传，现在多数学者都认为并不真的出自郑玄和孔安国本人之手。所谓郑玄注，最初只题"郑氏注"。根据敦煌藏经洞发现的唐宋时的《孝经》郑氏注残卷，结合古文献中所引郑注资料，现在已经能够基本上恢复郑氏注的旧貌。对照郑玄所注其他经籍，《孝经》郑注体例、文气的确与之不同。王应麟《困学纪闻》等都说"郑氏"是郑玄的孙子郑小同。他是郑玄独子益恩的遗腹子，因他的手掌纹理与郑玄相似，郑玄便为他起名叫"小同"。

孔传，隋代人怀疑是刘炫伪作，千余年来几成定谳，但此案并不能成立。1942年，日本发现了刘炫《孝经述议》古抄本。后来，林秀一利用日本各种古抄本撰成《关于〈孝经述议〉复原的研究》，补足了《孝经述议》残本所缺的二、三、五卷。我们仔细研究了《孝经述议》，完全不相信刘炫伪造孔传的说法。

清人丁晏曾怀疑古文《孝经》孔传的作伪者是王肃。现在地下出土的材料业已证明此说不可靠。这起冤案应当平反，由此而推导出的王肃伪造古文《孝经》孔传的疑案也应推翻。

三　《孝经》在历史上的影响

《孝经》受到历代封建统治者的尊崇。西汉时，自文帝开始置《孝经》博士。昭帝始元五年（前82），诏令举贤良文学，治《孝经》。宣帝地节三年（前67），诏令郡县乡党皆置《孝经》师一人。由于《孝经》成为小学课本，它便以最快的速度得到普及。为了表示对孝道的重现，汉代从惠帝以后,皇帝的谥号中都加了一个"孝"字。后来各封建王朝效法者甚多。

东汉时,光武帝下令不仅儒生要读《孝经》,虎贲士(宫廷卫兵)也必须学习《孝经》。六朝时,《孝经》的注解、讲授,最为热闹。皇帝、皇太子听经、讲经、注经,成了宫廷的重要活动。东晋元帝作《孝经传》,吹捧《孝经》是:"天经地义,圣人不加;原始要终,莫逾孝道。能使甘泉自涌,邻火不焚;地出黄金,天降神女,感通之至,良有可称。"穆帝、孝武帝都多次亲讲《孝经》,还召集群臣讨论《孝经》经义。北魏时,孝文帝令侯伏侯可悉陵把《孝经》翻译成本民族的语言,"教于国人,谓之《国语孝经》"(《隋书·经籍志》)。

隋唐皆以《孝经》颁行天下。唐太宗对皇太子读《孝经》大加称赞,说"行此足以事父兄,为臣子"(《旧唐书·高宗纪》)。高宗仪凤三年(678),诏令以《道德经》和《孝经》为上经,"贡举皆须兼通"(《唐会要》卷七五)。玄宗二度亲注《孝经》,诏令"天下家藏《孝经》,精勤教习"(《唐会要》卷七五)。天宝四年(745),玄宗又亲以八分书写《孝经》,刻石立于太学。这一形似经幢的巨大石刻,至今仍屹立在西安碑林。

宋代时,宋太宗御书《孝经》赐给李至,说:"千文无足取,若有资于教化,莫《孝经》若也。"(《宋史·李至传》)真宗咸平二年(999),诏令邢昺撰《孝经义疏》。大中祥符八年(1015),真宗又亲撰《孝经》诗,命群臣赋和。金、元两朝,少数民族入主中原,也"拜倒"在《孝经》之下。金海陵王天德三年(1151),诏令用唐玄宗御注《孝经》,授于各级学校。金世宗大定二十三年(1183),仿效汉代羽林军通《孝经》故事,以女真文《孝经》千部交检点司,分赐给护卫亲军。元世祖至元二十四年(1287),定国子学制,凡读书必先读《孝经》。元武宗时,命中书右丞孛罗帖木儿以蒙古文翻译《孝经》。武宗下诏云:"此乃孔子之微言,自王公达于庶民,皆当由是而行。其命中书省刻板模印,诸王而下皆赐之。"(《元史·武宗纪》)

明代,《孝经》仍是必读必尊的经典。明太祖说,《孝经》是"孔子明帝王治天下之大经大法,以垂万世"(《明会要》卷二六)。清代,顺治皇帝曾亲注《孝经》。康熙四十六年(1707),翻书处刊刻"满汉合璧"《孝经》。雍正五年(1727),又刊行了《钦定翻译孝经》。雍正帝将历代有关《孝经》的重要注解汇集成《孝经集注》行世。乾隆时,宫廷画家金廷标绘《孝经图》,乾隆帝亲自作题记,御书《孝经》全文与图相配。咸丰时,诏令各省学校,科举考试都要加试《孝经》。

由于封建帝王的尊崇和提倡,《孝经》在历史上具有其他典籍无可比拟的特殊地位。它既是最重要的经典文献,又是最普及的通俗读物;既被看作人伦百行的纲纪,又被当作科举仕宦的阶梯,影响之深远,其他书不可同日而语。

从传播的范围来看,敦煌出土的"和平二年十一月六日康丰国写"《孝经》残卷,据考是北魏遗物,时为公元461年。这是在西北地区发现的时间最早的《孝经》资料。《周书》说,高昌"有《毛诗》《论语》《孝经》,置学官弟子以相教授,虽习读之,而皆为胡语"(《高昌传》)。现在,在新疆吐鲁番高昌古墓中也发现了《孝经》和《孝经解》的残卷,实物印证了《孝经》在高昌传布的情形。其中"张孝章墓"出土《孝经》,同墓有"高昌建昌四年(558)张孝章随葬衣物疏"。在敦煌藏经洞发现的《孝经》写本,有的也有明确的时间。如伯3369,《孝经》文后有两条题记,一条是"咸通十五年八月五日沙州学生索什德",一条是"乾符三年十月二十一日学生索什德书券"。这些材料告诉我们,《孝经》在当时中国的土地上已是无远弗届的了。

两千年来,《孝经》对于中国社会具有巨大的影响力。

1.《孝经》被视为思想权威,在著述与论辩中被广泛地征引。汉代迄于清季,私家著述、官方文告引《孝经》作为指导思想或理论依据者不胜枚举。如司马迁《太史公自序》说:"且夫孝始于事亲,中于事君,终于立身,扬名于后世,以显父母,此孝之大者。"即径用《孝经》之语。在各种论辩中,《孝经》常被双方作为理论"武器"。

2.《孝经》被当作伦理道德的规范,用以抑恶劝善。甚至把《孝经》当做万应的灵药、无所不能的法宝。如《后汉书·独行列传》记向栩,黄巾起义爆发后,他主张"但遣将于河上,北向读《孝经》,贼自当消灭"。

3. 推衍、发明《孝经》的旨意,借用《孝经》制定不同的社会身份和职业的人的道德规范,如有《演孝经》《广孝经》《临戎孝经》《武孝经》《大农孝经》《道孝经》《佛孝经》《女孝经》等。

4. 依据《孝经》议定礼仪制度与律令。

《孝经》在海外,特别是东亚日本、朝鲜等国,也有巨大的影响。《孝经》传入朝鲜,至迟在汉武帝元封三年(前 103) 朝鲜王归降,以其地为乐浪、临屯、玄菟、真番四郡前后。周世宗六年(959),高丽国王遣使进《别叙孝经》一卷、《越王孝经新义》八卷、《皇灵孝经》一卷、《孝经雌图》一卷。《孝经》传入日本,可能在梁武帝时,《日本书纪》卷十记载,继体天皇七年(513),百济五经渡日,《孝经》应当也在此时随之传入。推古天皇十二年(603),圣德太子制定宪法,其中已有"上下和睦"之语,即出自《孝经》。文武天皇大宝二年(702),以《大宝律令》颁行天下。其《学令》规定:"凡学生治一经或二经,必兼通《孝经》《论语》。"孝谦天皇天平宝字元年(757) 下诏,"令天下家藏《孝经》一本,精勤诵习"。仁明天皇天长十年(833),皇太子"御读书始",即讲习《孝经》。历代成为定制。至镰仓时代(1192—1333),幕府将军的"读书始"也讲习《孝经》。到德川时代(1604—1867),日本的汉学空前兴盛,各藩学校普遍采用《孝经》为教科书,学校的开学典礼即焚香俯伏再拜,齐声诵读《孝经》。

《孝经》传至欧洲可能在十八世纪初。德国人雷赫定（A.Reichwein）所著《中国欧洲文化交通史略》(吴宓摘译) 中说:"1711 年,耶苏会士、比利时人卫方济（Frangois Noël） 刊行《中国六经》之拉丁文译本（6 Libri classici Sinenses），于 Pague 地方。《六经》者,《大学》《中庸》《论语》《孟子》《孝经》与《三字经》也。"十九世纪前后,《孝经》亦陆续被译为其他几种欧洲文字。

　　本书为《孝经》全文译注，每章前作了简要的题解，注释主要依据唐玄宗"御注"及邢昺"正义"，兼采"孔安国传""郑玄注"及历代注经家的意见，择善而从，尽量简明扼要，总的原则是让读者了解古人是怎样理解《孝经》的。我们希望能帮助大家读懂《孝经》，为研究伦理学问题的读者提供一些相关的资料。

　　　　　　　　　　　　　　　　　　　　　　　　胡平生

开宗明义章第一

【题解】

开宗明义,即阐述本书宗旨,说明孝道的义理。

《孝经》本无章名,邢昺《正义》云,梁代皇侃给天子至庶人等五章"标其目而冠于章首";后来唐玄宗为《孝经》作注时,才由儒官集议"题其章名"。《隋书·经籍志》说,《古文孝经》长孙氏"而有《闺门》一章"。按,这是用章首二字称呼该章,乃古书篇章命名惯例,不应与现有的章名混为一谈。

仲尼居①,曾子侍②。子曰:"先王有至德要道③,以顺天下④,民用和睦⑤,上下无怨。汝知之乎?"曾子避席曰⑥:"参不敏,何足以知之?"子曰:"夫孝,德之本也,教之所由生也⑦。复坐,吾语汝。身体发肤,受之父母,不敢毁伤⑧,孝之始也。立身行道,扬名于后世,以显父母,孝之终也。夫孝,始于事亲⑨,中于事君⑩,终于立身⑪。《大雅》云⑫:'无念尔祖,聿修厥德⑬。'"

【注释】

①仲尼:孔子的字。我国传统以"伯、仲、叔、季"表示排行,"仲"是老二。尼,指尼丘山。孔子得名于故里的尼丘山,名丘,字尼。孔子,春秋时鲁国陬邑(今山东曲阜东南)人,生于鲁襄公二十二

年（前 551），卒于鲁哀公十六年（前 479），是儒家学派的鼻祖，著名的思想家和教育家。居：闲待在家里。

②曾子：曾参，字子舆，鲁国南武城（今山东费县西南）人，孔子的学生。据说曾子能孝顺父母，孔子认为他可通孝道，因此向他传授关于孝的道理。侍：陪坐。

③先王：先代的圣贤帝王，旧注指尧、舜、禹、文王、武王等。至德：至善至美的品行和道德。要道：至关重要的道理。要，又有简要、要约的意思。邢疏引殷仲文曰："以一管众为要。"

④以顺天下：使天下人心顺从。顺，顺从。

⑤用：因而。

⑥避席：古代的一种礼节。席，铺在地上的草席，这里指自己的座位。古人席地而坐，在对方（一般是师长或尊者）提问、施礼、祝酒等场合，要回答、回礼、准备饮酒时，坐在席上的人要起身离开自己的席位，表示对对方的礼貌和尊敬。

⑦教之所由生也：古有"五教"之说，即：教父以义，教母以慈，教兄以友，教弟以恭，教子以孝。儒家学者认为，孝是一切道德的根本，一切教育的出发点。

⑧不敢毁伤：毁伤，毁坏，残伤。《礼记·祭义》乐正子春云："吾闻诸曾子，曾子闻诸夫子曰：天之所生，地之所养，无人为大。父母全而生之，子全而归之，可谓孝矣。不亏其体，不辱其身，可谓全矣。"孔传："能身保全而无刑伤，则其所以为孝之始者也。"以为"毁伤"特指"刑伤"。日本太宰纯说："盖三代之刑，有劓（yì，割鼻）、刵（èr，割耳）及宫（割除或破坏生殖器），非伤身乎；剕（fèi，断足），非伤体乎；髡（kūn，剃发），非伤发乎；墨（额上刺字，染以黑色），非伤肤乎。以此观之，孔传尤有所当也。"

⑨始于事亲：以侍奉双亲为孝行之始。一说指幼年时期以侍奉双亲为孝。郑注云："父母生之，是事亲为始。"孔传："自生至于三十，

则以事父母，接兄弟，和亲戚，睦宗族，敬长老，信朋友为始也。"

⑩中于事君：以为君王效忠、服务为孝行的中级阶段。一说指中年时期以效忠君王为孝。郑注云："四十强而仕，是事君为中。"孔传："四十以往，所谓中也，仕服官政，行其典谊，奉法无贰，事君之道也。"

⑪终于立身：以建功扬名，光宗耀祖为孝行之终。一说指老年时期以扬名后世为孝。郑注云："七十致仕（离职退休），是立身为终也。"孔传："七十老致仕，悬其所仕之车，置诸庙，永使子孙鉴而则焉，立身之终。"

⑫《大雅》：《诗经》的一个组成部分，主要是西周官方的音乐诗歌作品。

⑬"无念"二句：语出《诗经·大雅·文王》。尔，你，你的。祖，祖先，诗中指文王。聿（yù），句首语气词。修厥德，指继承、发扬光大文王的美德。厥，其。

【译文】

孔子在家中闲坐，曾参在一旁陪坐。孔子说："先代的圣帝贤王，有一种至为高尚的品行，至为重要的道德，用它可以使得天下人心归顺，百姓和睦融洽，上上下下没有怨恨和不满。你知道这是什么吗？"曾子连忙起身离开席位回答说："我生性愚钝，哪里能知道那究竟是什么呢？"孔子说："那就是孝！孝是一切道德的根本，所有的品行的教化都是由孝行派生出来的。你还是回到原位去，我讲给你听。一个人的身体、四肢、毛发、皮肤，都是从父母那里得来的，所以要特别地加以爱护，不敢损坏伤残，这是孝的开始，是基本的孝行。一个人要建功立业，遵循天道，扬名于后世，使父母荣耀显赫，这是孝的终了，是完满的、理想的孝行。孝，开始时从侍奉父母做起，中间的阶段是效忠君王，最终则要建树功绩，成名立业，这才是孝的圆满的结果。《大雅》里说：'怎么能不想念你的先祖呢？要努力去发扬光大你的先祖的美德啊！'"

天子章第二

天子，统治天下的帝王。《礼记·曲礼下》："君天下曰天子。"旧说帝王受命于天，天为其父，地为其母，故称"天子"。《白虎通》："王者父母天地，为天之子也。"此处应指周王，是周王朝的最高统治者。《孝经》从这一章起，按尊卑次序分述自天子至庶人的五种孝行，照唐玄宗的说法，叫做"百行之源不殊"，"五孝之用则别"（《御注孝经·序》）。但此处所论"天子之孝"，其实只是一种祈愿，并不是道德的规范。

子曰①：爱亲者，不敢恶于人②；敬亲者，不敢慢于人③。爱敬尽于事亲，而德教加于百姓④，刑于四海⑤。盖天子之孝也⑥。《甫刑》云⑦："一人有庆，兆民赖之⑧。"

【注释】

①子曰：今文本，自《天子章》至《庶人章》，只在最前面用了一个"子曰"，而古文本则每章都以一"子曰"起头。这可能是整理或传抄过程中造成的差异。

②爱亲者，不敢恶（wù）于人：全句是说天子将对自己父母的亲爱之心（孝心）扩大到天下所有的人的父母。爱亲，亲爱自己的父母。恶，憎恶，厌恶。

③慢：傲慢，不敬。

④德教：道德修养的教育，即孝道的教育。加：施加。

⑤刑：通"型"，典范，榜样。四海：指全天下，旧说以为我国被四海包围，因此用"四海"代指全国。唐玄宗注以"四夷"释"四海"。"四夷"即东夷、西戎、南蛮、北狄，泛指四方少数民族。意思是天子的孝行与德教，也是四方异族的榜样。

⑥盖：句首语气词。

⑦《甫刑》：《尚书·吕刑》篇的别名。吕，指"吕侯"。周穆王任命吕侯为周司寇（职掌刑狱的最高长官），吕侯依据夏代赎刑的法律，以周王的名义颁布了新的规定，即《吕刑》。《尚书·吕刑》孔安国传曰：吕侯"后为甫侯，故或称《甫刑》"。这是说吕侯的子孙后来改封为甫侯，因此《吕刑》也称为《甫刑》。

⑧一人有庆，兆民赖之：人，指天子。商、周时，商王、周王都自称"余一人"。庆，善。兆民，极言民人数目之多。古代计数，下数以十亿为"兆"，中数以万亿为兆，上数以亿亿为兆；而现代以一百万为一兆。赖，仰仗，依靠。《吕刑》原文下面还有一句"其宁惟永"。意思是：天子有善行，就能够以善事教化天下，天下的人民都可以信赖他，依靠他，因此便能够长治久安。

【译文】

孔子说：天子能够亲爱自己的父母，也就不会厌恶别人的父母；能够尊敬自己的父母，也就不会怠慢别人的父母。天子能以爱敬之心尽力侍奉父母，就会以至高无上的道德教化人民，成为天下人效法的典范。这就是天子的孝道啊！《甫刑》里说："天子有善行，天下万民全都信赖他，国家便能长治久安。"

诸侯章第三

【题解】

诸侯，天子所分封的各国的国君。西周开国时，周天子曾依亲疏与功勋分封诸侯，有公、侯、伯、子、男五等爵位，可以世袭。《礼记·王制》孔颖达疏："此公、侯、伯、子、男，独以侯为名而称诸侯者，举中而言。"一说称"诸侯"而不称"诸公"，是为了避免与辅佐天子的"三公"（太师、太傅、太保）相混淆。此处对诸侯劝孝，要求诸侯"在上不骄"，"制节谨度"，"长守富"，"长守贵"，"保社稷"，作为诸侯尽"孝"的职责。

在上不骄，高而不危；制节谨度①，满而不溢②。高而不危，所以长守贵也。满而不溢，所以长守富也。富贵不离其身，然后能保其社稷③，而和其民人。盖诸侯之孝也。《诗》云④："战战兢兢，如临深渊，如履薄冰⑤。"

【注释】

①制节：指费用开支节约俭省。谨度：指行为举止谨慎而合乎法度。

②满：指财富充足。溢：指超越标准的奢侈、浪费。邢昺疏引皇侃说：不溢，"谓宫室车旗之类，皆不奢僭也"。僭越礼制，追求超过合乎身份、地位的享受，在古代是严重的犯罪行为。

③社稷：社，土地神。古人有"五土"之说，认为土地有山林、川泽、丘陵、原隰（低洼湿地）、坟衍（水滨平地）五类，社是"五

土"的总神,后以五色土为象征:东方青土、南方赤土、西方白土、北方黑土、中央黄土。相传共工氏之子勾龙,为管理田土之官,即"后土",后来被当作土地神,祭"社"时立有勾龙神主(牌位)。稷,谷神。"五谷"有黍、稷、菽、麦、麻,这里举"稷"为代表。上古有烈山氏之子柱,被尊为五谷之神。周人的先祖弃,传说生而有神,擅农艺稼穑,率人民播殖百谷,自商汤以来被祀为稷神。土地与谷物是国家的根本,古代立国必先祭社稷之神,因而,"社稷"便成为国家的代称。

④《诗》:即《诗经》。汉代以前《诗经》只称为《诗》,汉武帝尊崇儒术,重视儒家著作,才加上"经"字,称为《诗经》。

⑤"战战兢兢"三句:语出《诗经·小雅·小旻》。战战,恐惧貌。兢兢,谨慎貌。如临深渊,是说唯恐失足坠入深渊。如履薄冰,是说唯恐不慎陷入冰水中。孔传:"夫能自危者,则能安其位者也;忧其亡者,则能保其存者也;惧其乱者,则能有其治者也。故君子安而不忘危,存而不忘亡,治而不忘乱。"

【译文】

身居高位而不骄傲,那么尽管高高在上也不会有倾覆的危险;俭省节约,慎守法度,那么尽管财富充裕也不会僭礼奢侈。高高在上而没有倾覆的危险,这样就能长久地保守尊贵的地位。资财充裕而不僭礼奢侈,这样就能长久地保守财富。能够紧紧地把握住富与贵,然后才能保住自己的国家,使自己的人民和睦相处。这就是诸侯的孝道啊!《诗经》里说:"战战兢兢,谨慎小心;就像身临深渊唯恐坠陷;就像脚踏薄冰唯恐沉沦。"

卿、大夫章第四

【题解】

　　卿、大夫，指辅佐天子处理国家事务的高级官员，地位次于诸侯。卿，又称"上大夫"，地位比大夫略高。周代各诸侯国中也有"卿、大夫"，地位比周天子朝中的"卿、大夫"低一等。清雍正皇帝《御纂孝经集注》认为，此"卿、大夫"兼包王国及侯国，"章中乃统论其当行之孝，不必泥引《诗》'以事一人'之词，而谓专示王国之卿、大夫也"。此处论卿、大夫之孝是一切遵循先王的礼法，"保其禄位"，"守其宗庙"，更多的是在讲忠君。

　　非先王之法服不敢服①，非先王之法言不敢道②，非先王之德行不敢行③。是故非法不言④，非道不行⑤；口无择言，身无择行⑥。言满天下无口过⑦，行满天下无怨恶。三者备矣⑧，然后能守其宗庙⑨。盖卿、大夫之孝也。《诗》云："夙夜匪懈，以事一人⑩。"

【注释】

　　①法服：按照礼法制定的服装。古代服装式样、颜色、花纹（图案）、质料等，不同的等级，不同的身份，有不同的规定。卑者穿着尊者的服装，叫"僭上"；尊者穿着卑者的服装，叫"偪（逼）下"。旧注云，天子衣裳图案有日、月、星辰、山、龙、华虫、藻、

火、粉、米、黼、黻十二种纹样；诸侯有龙以下八种；卿、大夫有藻、火、粉、米四种；士有藻、火两种，服饰必须合乎礼度。

②法言：合乎礼法的言论。

③德行：合乎道德规范的行为。一说指"六德"，即仁、义、礼、智、忠、信。敦煌遗书伯3378《孝经注》云："好生恶死曰仁；临财不欲，有难相济曰义；尊卑慎序曰礼；智深识远曰智；平直不移曰忠；信义可复曰信。"

④非法不言：不符合礼法的话不说，言必守法。孔传："必合典法，然后乃言。"

⑤非道不行：不符合道德的事不做，行必遵道。孔传："必合道谊，然后乃行。"

⑥"口无"二句：张口说话无须斟酌措词，行动举止无须考虑应当怎样去做。这是说，因为言行都自然而然地能遵循礼法道德，所以无须反复考虑，细细斟酌。

⑦言满天下无口过：全句是说，虽然言谈传遍天下，但是天下之人都不觉得有什么过错。满，充满，遍布。口过，言语的过失。

⑧三者备矣：三者，指服、言、行，即法服、法言、德行。孔传："服应法，言有则，行合道也，立身之本，在此三者。"备，完备，齐备。

⑨宗庙：祭祀祖宗的屋舍。《释名·释宫室》："庙，貌也，先祖形貌所在也。"古人认为，亲人亡殁后，设宗庙加以祭祀，侍奉死者如同生人，若见鬼神之容貌。

⑩"夙夜"二句：语出《诗经·大雅·烝民》。夙，早。匪，通"非"。懈，怠惰。一人，指周天子。原诗赞美周宣王的卿大夫仲山甫，从早到晚，毫无懈怠，尽心竭力地奉事宣王一人。

【译文】

　　不合乎先代圣王礼法所规定的服装不敢穿，不合乎先代圣王礼法的言语不敢说，不合乎先代圣王规定的道德的行为不敢做。因此，不合礼法的话不说，不合道德的事不做。由于言行都能自然而然地遵守礼法道德，开口说话无须斟字酌句，选择言辞，行为举止无须考虑应该做什么、不该做什么。虽然言谈遍于天下，但从无什么过失；虽然做事遍于天下，但从不会招致怨恨。完全地做到了这三点，服饰、言语、行为都符合礼法道德，然后才能长久地保住自己的宗庙，奉祀祖先。这就是卿、大夫的孝道啊！《诗经》里说："即使是在早晨和夜晚，也不能有任何的懈怠，要尽心竭力地去奉事天子！"

士章第五

【题解】

　　士章，敦煌遗书伯 3378 作"士仁章"，伯 3428 作"士人章"。士，指国家的低级官员，地位在大夫之下，庶人之上。此处论士人之孝，归结到"夙兴夜寐"，强调事君尽忠的责任。

　　资于事父以事母①，而爱同；资于事父以事君，而敬同。故母取其爱，而君取其敬，兼之者父也②。故以孝事君则忠，以敬事长则顺③。忠顺不失④，以事其上，然后能保其禄位，而守其祭祀⑤。盖士之孝也。《诗》云："夙兴夜寐，无忝尔所生⑥。"

【注释】

①资：取。

②兼之者父也：指侍奉父亲，则兼有爱心和敬心。兼，同时具备。

③长：上级，长官。唐玄宗注："移事兄敬以事于长，则为顺矣。"

④忠顺不失：指在忠诚与顺从两个方面都做到没有缺点、过失。

⑤而守其祭祀：刘炫认为："上云宗庙，此云祭祀者，以大夫尊，详其所祭之处；士卑，指其荐献而说，因等差而详略之耳。"（《复原》）

⑥"夙兴"二句：语出《诗经·小雅·小宛》。兴，起，起来。寐，睡。忝，辱。尔所生，生你的人，指父母。

【译文】

取侍奉父亲的态度去侍奉母亲,那爱心是相同的;取侍奉父亲的态度去侍奉国君,那敬心是相同的。侍奉母亲取亲爱之心,侍奉国君取崇敬之心,只有侍奉父亲是兼有爱心与敬心。所以,有孝行的人为国君服务必能忠诚,能敬重兄长的人对上级必能顺从,忠诚与顺从,都做到没有什么缺憾和过失,用这样的态度去侍奉国君和上级,就能保住自己的俸禄和职位,维持对祖先的祭祀。这就是士人的孝道啊!《诗经》里说:"要早起晚睡,努力工作,不要玷辱了生育你的父母!"

庶人章第六

庶人，平民，在上古一般指具有自由身份的农业劳动者。《孝经》为不同等级的人规定不同内容的"孝"。《礼记·祭统·正义》引《孝经援神契》概括"五孝"说："天子之孝曰就，诸侯曰度，大夫曰誉，士曰究，庶人曰养。"又说："五孝不同，庶人但取畜养而已。"对庶人之孝表现出鄙薄和轻蔑。

用天之道①，分地之利②，谨身节用，以养父母。此庶人之孝也。故自天子至于庶人，孝无终始③，而患不及者，未之有也④。

【注释】

①天之道：指春温、夏热、秋凉、冬寒季节变化等自然规律。用天道，按时令变化安排农事，则春生、夏长、秋收、冬藏。

②分地之利：唐玄宗注："分别五土，视其高下，各尽所宜，此分地利也。"五土，见《诸侯章》"社稷"注。这是说，应当分别情况，因地制宜，种植适宜当地生长的农作物，以获取地利。

③孝无终始：指孝道的义理非常广大。从天子到庶人，不分尊卑，超乎时空，无终无始，永恒存在。不管什么人，在"行孝"这一点上都是一致的。

④未之有也：没有这样的事情。意思是孝行是人人都能做得到的，

不会做不到。

【译文】

利用春、夏、秋、冬节气变化的自然规律,分别土地的不同特点,使之各尽所宜;行为举止小心谨慎,用度花费节约俭省,以此来供养父母。这就是庶民大众的孝道啊!所以,上自天子,下至庶民,孝道是不分尊卑,超越时空,永恒存在,无终无始的;孝道又是人人都能做得到的。如果有人担心自己做不来,做不到,那是根本不会有的事。

三才章第七

【题解】

三才，天、地、人的合称。《易·说卦》："立天之道，曰阴与阳；立地之道，曰柔与刚；立人之道，曰仁与义。兼三才而两之，故《易》六画而成卦。"又，《易·系辞》："《易》之为书也，广大悉备，有天道焉，有人道焉，有地道焉，兼三材（才）而两之。"本章说孝道是"天之经，地之义，民之行"，圣王能遵天地之道，顺人性人情，因此篇题拟为《三才章》。

曾子曰："甚哉，孝之大也！"子曰："夫孝，天之经也①，地之义也②，民之行也③。天地之经，而民是则之④。则天之明⑤，因地之利⑥，以顺天下⑦。是以其教不肃而成⑧，其政不严而治。先王见教之可以化民也⑨，是故先之以博爱，而民莫遗其亲；陈之以德义，而民兴行。先之以敬让，而民不争⑩；导之以礼乐⑪，而民和睦；示之以好恶⑫，而民知禁。《诗》云：'赫赫师尹，民具尔瞻⑬。'"

【注释】

①天之经：是说孝道是天之道。天空中日月、星辰，永远有规律地照临人世。孝道也是如此，乃是永恒的道理，不可变易的规律。经，常，指永恒不变的道理和规律。

②地之义：是说孝道又如地之道。大地化育万物，生生繁衍，山川

原隰为人类提供丰饶的物产，皆有合乎道理的法则。孝道也是如此，乃是必须严格遵从的义务，是有利、有益的准则。义，利物为义。古文本"义"作"谊"。孔传："谊，宜也。"指应当遵循的道理和原则。董仲舒《春秋繁露·五行对》：河间献王问温城董君曰："《孝经》曰：'夫孝，天之经，地之义'，何谓也？"对曰："天有五行，木火土金水是也。木生火，火生土，土生金，金生水；水为冬，金为秋，土为季夏，火为夏，木为春。春主生，夏主养，秋主收，冬主藏。藏，冬之所成也。是故父之所生，其子长之；父之所长，其子养之；父之所养，其子成之。诸父所为，其子皆奉承而绪行之，不敢不致，如父之意，尽为人之道也。故五行者，五行也。由此观之，父授之，子受之，乃天之道也。故曰：'夫孝者，天之经也'，此之谓也。"王曰："善哉！天经既得闻之矣，愿闻地之义。"对曰："地出云为雨，起气为风。风雨者，地之所为，地不敢有其功名，必上之于天，命若从天气者。故曰'天风天雨'也，其曰'地风地雨'也。勤劳在地，名一归于天，非至有义，其孰能行此？故下事上，如地事天也。可谓大忠矣。……此谓孝者'地之义'也。"这是董仲舒对"天之经，地之义"的理解。

③民之行：是说孝道是人之百行中最根本、最重要的品行。董鼎《孝经大义》云："人生天地之间，禀天地之性，如子之肖像父母也，得天之性而为慈爱，得地之性而为恭顺，慈爱恭顺，即所以为孝。"行，品行，行为。

④则：效法，作为准则。

⑤天之明：指天空中的日月、星辰。日月、星辰的运行更迭是有规律的，永恒的，这可以成为人民效法的典范。

⑥地之利：指大地孳生万物，供给丰饶的物产。

⑦以顺天下：这里是说圣王把天道、地道、人道"三才"融会贯通，用以治理天下，天下自然人心顺从。顺，理顺，治理好。

⑧肃：指严厉的统治手段。

⑨教：这里指合乎天地之道，合乎人性人情的教育。化民：指用教育的办法感化人民，使人民服从领导。

⑩不争：指不为获得利益、好处而争斗、争抢。孔传："上为敬则下不慢，上好让则下不争，上之化下，犹风之靡草，故每辄以己率先之也。"

⑪礼：礼仪，指处理人际关系的准则及对社会行为的各种规范。乐：音乐。儒家认为："乐者，天地之和也；礼者，天地之序也。和，故百物皆化；序，故群物皆别。"（《史记·乐书》）也就是说，"乐"使天地之间万物和协，"礼"使天地之间万物尊卑高下皆有秩序；和协使万物融洽共处，有秩序使万物各得其所，有所区别。儒家学者把"礼乐"作为治理天下，教化人民的重要工具。

⑫好（hǎo）：善。恶（è）：不良行为，罪恶。邢昺疏云："故示有好必赏之令，以引喻之，使其慕而归善也；示有恶必罚之禁，以惩止之，使其惧而不为也。"好恶，或读为 hào wù，亦可通。

⑬"赫赫"二句：语出《诗经·小雅·节南山》。赫赫，声威显扬、气派宏大的样子。师，指太师。太师、太傅、太保为周的三公，是周王朝的最高行政长官。尹，尹氏。尹，本是官职名，古人常常以官职名作为氏名，故称"尹氏"。尔，你。瞻，仰望。此处引用诗句，着重是用"民具尔瞻"的意思，古人引书经常有断章取义的情形。

【译文】

曾子说："多么博大精深啊，孝道太伟大了！"孔子说："孝道，犹如天有它的规律一样，日月星辰的更迭运行有着永恒不变的法则；犹如地有它的规律一样，山川湖泽提供物产之利有着合乎道理的法则；孝道是人的一切品行中最根本的品行，是人民必须遵循的道德，人间永恒不变的法则。天地严格地按照它的规律运动，人民以它们为典范实行孝道。效法天上的日月星辰，遵循那不可变易的规律；凭藉地上的山川湖泽，获取赖以生存的便利，因势利导地治理天下。因此，对人民的教化，不需要采用严肃的手段就能获得成功；对人民的管理，不需要采用严厉的办法就能治理得好。先代的圣王看到通过教育可以感化人民，所以亲自带头，实行博爱，于是，就没有人会遗弃自己的双亲；向人民讲述德义，于是，人民觉悟了，就会主动地起来实行德义。先代的圣王亲自带头，尊敬别人，谦恭让人，于是，人民就不会互相争斗抢夺；制定了礼仪和音乐，引导和教育人民，于是，人民就能和睦相处；向人民宣传什么是好的，什么是坏的，人民能够辨别好坏，就不会违犯禁令。《诗经》里说：'威严显赫的太师尹氏啊，人民都在仰望着你啊！'"

孝治章第八

【题解】

孝治，论明王以孝道治理天下，就能使"天下和平，灾害不生，祸乱不作"。后代夸大"孝治"功能，说"天子孝，天龙负图，地龟出书，妖孽消灭，景云出游"（《太平御览》卷四一一引《孝经左契》），已是谶纬家的荒诞之言了。

子曰："昔者明王之以孝治天下也，不敢遗小国之臣①，而况于公、侯、伯、子、男乎②？故得万国之欢心③，以事其先王④。治国者⑤，不敢侮于鳏寡⑥，而况于士民乎？故得百姓之欢心，以事其先君⑦。治家者⑧，不敢失于臣妾⑨，而况于妻子乎？故得人之欢心，以事其亲⑩。夫然，故生则亲安之⑪，祭则鬼享之⑫，是以天下和平，灾害不生，祸乱不作。故明王之以孝治天下也如此⑬。《诗》云：'有觉德行，四国顺之⑭。'"

【注释】

①小国之臣：指小国派来的使臣。小国之臣容易被疏忽怠慢，明王对他们都礼遇和关注，各国诸侯来朝见天子受到款待就无庸赘言了。

②公、侯、伯、子、男：周朝分封诸侯的五等爵位。《礼记·王制》：

"公、侯田方百里，伯七十里，子、男五十里。"相传周公摄政，为诸侯扩大封地，公方五百里，侯四百里，伯三百里，子二百里，男百里。除封邑有广狭之别外，诸侯的其他各种待遇，也依爵位高低有所不同。

③万国：指天下所有的诸侯国。万，是极言其多，并非实数。

④先王：指"明王"，已去世的父祖。这是说各国诸侯都来参加祭祀先王的典礼，贡献祭品。按照周代的宗法制度，由嫡长子继承王位，只有他才能主持对先王的祭祀。他的其他弟兄分别封予各等爵位，成为诸侯。参加祭祀时，他们按关系亲疏及爵位高低来"助祭"。

⑤治国者：治理国家的君王，即诸侯。国，指诸侯的封地。

⑥鳏（guān）寡：《孟子·梁惠王下》："老而无妻曰鳏，老而无夫曰寡。"后代通常称丧妻者为鳏夫，丧夫者为寡妇。

⑦先君：指诸侯已故的父祖。这是说百姓们都来参加对先君的祭奠典礼。

⑧治家者：指卿、大夫。家，指卿、大夫受封的采邑。

⑨臣妾：指家内的奴隶，男性奴隶曰臣，女性奴隶曰妾。也泛指卑贱者。

⑩以事其亲：这是说卿、大夫因为能得到妻子、儿女，乃至奴仆、妾婢的欢心，所以全家上下都协助他奉养双亲。天子与诸侯之位，都是父死子袭，因此，他们只能事"先王""先君"；而卿、大夫的职位不必父死子袭，因此，他们得以在双亲健在时侍奉双亲。亲，父母双亲。

⑪生则亲安之：生，活着的时候。安，安乐，安宁，安心。之，指双亲。《大戴礼记·曾子大孝》："养可能也，敬为难；敬可能也，安为难；安可能也，久为难；久可能也，卒为难。"可见曾子认为，实行孝道其中以使父母长久地安乐及有一个完满的终结为最困难。

⑫鬼：指去世的父母的灵魂。《论衡·讥日》："鬼者死人之精也。"《礼
　记·礼运》郑玄注："鬼者精魂所归。"古人认为，人死后灵魂脱离
　躯体而存在，成为"鬼"。享：祭祀时要给死者供献酒食，让亡灵
　享用。

⑬如此：指"天下和平"等福应。孔传："行善则休征（吉祥的征兆）
　报之，行恶则咎征随之，皆行之致也。"这是说由于明王用孝道治
　理天下，有美德善行，因此才有这种种福应。

⑭"有觉"二句：语出《诗经·大雅·抑》。意思是，天子有伟大的
　德行，四方各国都顺从他的教化，服从他的统治。觉，大。四国，
　四方之国。

【译文】

　　孔子说："从前，圣明的帝王以孝道治理天下，就连小国的使臣都待
之以礼，不敢遗忘与疏忽，何况对公、侯、伯、子、男这样一些诸侯呢？
所以，就得到了各国诸侯的爱戴和拥护，他们都帮助天子筹备祭典，参
加祭祀先王的典礼。治理封国的诸侯，就连鳏夫和寡妇都待之以礼，
不敢轻慢和欺侮，何况对士人和平民呢？所以，就得到了百姓们的爱戴
和拥护，他们都帮助诸侯筹备祭典，参加祭祀先君的典礼。治理采邑的
卿、大夫，就连奴婢僮仆都待之以礼，不敢使他们失望，何况对妻子、
儿女呢？所以，就得到大家的爱戴和拥护，大家都齐心协力地帮助主人，
奉养他们的双亲。正因为这样，所以父母在世的时候，能够过着安乐宁
静的生活；父母去世以后，灵魂能够安享祭奠。正因为如此，所以天下
和和平平，没有风雨、水旱之类的天灾，也没有反叛、暴乱之类的人祸。
圣明的帝王以孝道治理天下，就会出现这样的太平盛世。《诗经》里说：
'天子有伟大的道德和品行，四方之国无不仰慕归顺。'"

圣治章第九

【题解】

圣治，圣人之治，即圣人对天下的治理。此处所说明堂祭祀制度，与其他儒家经典不全相合，在各朝制定礼仪制度时或依据《孝经》之说，如晋武帝太康十年（289）就颁诏按《孝经》制定祭祀天地及配祀制度（《宋书·礼志三》）。《孝经》影响由此可见一斑。

曾子曰："敢问圣人之德^①，无以加于孝乎？"子曰："天地之性^②，人为贵。人之行，莫大于孝。孝莫大于严父，严父莫大于配天^③，则周公其人也^④。昔者，周公郊祀后稷以配天^⑤，宗祀文王于明堂^⑥，以配上帝^⑦。是以四海之内，各以其职来祭^⑧。夫圣人之德，又何以加于孝乎？故亲生之膝下^⑨，以养父母日严^⑩。圣人因严以教敬^⑪，因亲以教爱。圣人之教，不肃而成，其政不严而治，其所因者本也。父子之道，天性也，君臣之义也。父母生之，续莫大焉^⑫。君亲临之，厚莫重焉^⑬。故不爱其亲而爱他人者，谓之悖德^⑭；不敬其亲而敬他人者，谓之悖礼。以顺则逆^⑮，民无则焉^⑯。不在于善，而皆在于凶德，虽得之，君子不贵也^⑰。君子则不然，言思可道，行思可乐，德义可尊，作事可法，容止可观，进退可度，以临其民。是以其民畏而爱之，则而象之^⑱。故能成其德教，而行其政令。《诗》云：'淑人君子，其仪不忒^⑲。'"

【注释】

①敢：谦词，有冒昧的意思。

②性：指性命，生灵，生物。敦煌遗书伯3382 此句作"天地之性，人最为贵"。孔传："言天地之间，含气之类，人最其贵者也。"

③配天：根据周代礼制，每年冬至要在国都郊外祭天，并附带祭祀父祖先辈，这就叫做以父配天之礼。配，祭祀时在主要祭祀对象之外，附带祭祀其他对象，称为"配祀"或"配享"。

④则周公其人也：以父配天之礼，由周公始定。周公，姓姬，名旦，文王之子，武王之弟，成王之叔。他协助武王灭商，武王死，成王年幼，他摄行王政，平定了管叔、蔡叔和商王之后武庚的叛乱，营建成周雒邑城池，制定礼乐典章制度。在成王长大后，他便归政于成王。后来周公被儒家学者尊为圣人。

⑤郊祀：古代帝王每年冬至时在国都郊外建圜丘作为祭坛，祭祀天帝。后稷：名弃，为周人始祖。相传其母姜嫄行于郊野，脚踩巨人足迹，孕而生子，生后弃于小巷、山林与冰上，皆得不死，遂收留养大。生性好农耕稼穑，帝尧命为农师，封于邰（今陕西武功境内），号后稷。这里是说周公在制定郊祀礼仪时，规定了以始祖后稷配祀天帝。

⑥宗祀：即聚宗族而祭。宗，宗族。文王：姓姬名昌，商时为西伯，据说能行仁义，礼贤者，敬老慈少，从而使国家逐渐强大，为日后武王灭商奠定了基础。明堂：古代帝王布政及举行祭祀、朝会、庆赏、选士等典礼的地方。《大戴礼记·明堂》说，它是一座上圆下方的建筑，共九室，一室有四户（门）八牖（窗），共三十六户，七十二牖，有天圆地方等许多象征的意义。

⑦上帝：旧说在明堂中祭天，要按季节祭祀五方上帝，即东方青帝灵威仰，南方赤帝赤熛怒，西方白帝白招拒，北方黑帝汁光纪，中央黄帝含枢纽。这里是说周公制礼，规定了在明堂聚宗族祭祀上帝，

以亡父文王配祀。

⑧职：职位。这是说海内诸侯，各按职位，进贡财物特产，趋走服务，帮助完成祭祀典礼。

⑨故亲生之膝下：这是说子女对父母的亲爱之心在幼年时期即自然天成。明人项霝《孝经述注》云："孩提之童，无不知爱其亲，自生育膝下，侍奉父母，渐长则严敬之心日加。"亲，亲爱父母之心。膝下，膝盖之下，喻年幼之时。

⑩日严：日益尊敬。

⑪因严以教敬：孔传："言其不失于人情也。其因有尊严父母之心，而教以爱敬；所以爱敬之道成，因本有自然之心也。"这是说圣人以人的自然天性中的尊父之心为凭依，加以教育培养，使之升华为理性的"敬"。

⑫续：指继先传后。这是说父母生下儿子了，使儿子得以继承父母，如此连续不绝，这是人伦关系中，最为重要的。

⑬君亲临之，厚莫重焉：是说父亲对儿子，具有国君与父亲的双重意义的身份，既有君王的尊严，又有为父的亲情，既有君臣之义，又有天性之恩，在人伦关系中，厚重莫过于此。

⑭悖（bèi）德：违背常识的道理、道德。悖，违背，违反。刘炫《孝经述议》残卷："世人之道，必先亲后疏，重近轻远，不能爱敬其亲而能爱敬他人，自古以来恐无此。"

⑮以顺则逆：是"以之顺天下则逆"的省略，是说，如果用"悖德"和"悖礼"来教化人民，治理人民，就会把一切都弄颠倒。

⑯民无则焉：人民无所适从，没有可以效法的。

⑰不贵：即鄙视，厌恶。贵，重视，赞赏。

⑱"是以"二句：敬畏君王的威严，爱戴君王的美德，以君王为楷模，仿效他。

⑲"淑人"二句：语出《诗经·曹风·鸤鸠》。淑，美好，善良。仪，

仪表,仪容。忒,差错。

【译文】

曾子说:"请允许我冒昧地提个问题,圣人的德行中,难道就没有比孝行更为重要的吗?"孔子说:"天地之间的万物生灵,只有人最为尊贵。人的各种品行中,没有比孝行更加伟大的了。孝行之中,没有比尊敬父亲更加重要的了,对父亲的尊敬,没有比在祭天时以父祖先辈配祀更加重要的了,祭天时以父祖先辈配祀,始于周公。从前,成王年幼,周公摄政,周公在国都郊外圜丘上祭天时,以周族的始祖后稷配祀天帝;在聚族进行明堂祭祀时,以父亲文王配祀上帝。所以,四海之内各地的诸侯都克尽职守,贡纳各地的特产,协助天子祭祀先王。圣人的德行,又还有哪一种能比孝行更为重要的呢!子女对父母的亲爱之心,产生于幼年时期;待到长大成人,奉养父母,便日益懂得了对父母的尊敬。圣人根据子女对父母的尊崇的天性,引导他们敬父母;根据子女对父母的亲近的天性,教导他们爱父母。圣人教化人民,不需要采取严厉的手段就能获得成功;他对人民的统治,不需要采用严厉的办法就能管理得很好。这正是由于他能根据人的本性,以孝道去引导人民。父子之间的关系,体现了人类天生的本性,同时也体现了君臣关系的义理。父母生下儿子,使儿子得以上继祖宗,下续子孙,这就是父母对子女的最大恩情。父亲对于儿子,兼具君王和父亲的双重身份,既有为父的亲情,又有为君的尊严,父子关系的厚重,没有任何关系能够超过。如果做儿子的不爱自己的双亲而去爱其他什么别的人,这就叫做违背道德;如果做儿子的不尊敬自己的双亲而去尊敬其他什么别的人,这就叫做违背礼法。如果有人用违背道德和违背礼法去教化人民,让人民顺从,那就会是非颠倒;人民将无所适从,不知道该效法什么。如果不能用善行,带头行孝,教化天下,而用违背道德的手段统治天下,虽然也有可能一时得志,君子也鄙夷不屑,不会赞赏。君子就不是那样的,他们说话,要考虑说的话能得到人民的支持,被人民称道;他们做事,要考虑行为举动能使人民高兴；他们的道德和品行，要考虑能受到人民的尊敬；他们从事制作或建造，要考虑能成为人民的典范；他们的仪态容貌，要考虑得到人民的称赞；他们的动静进退，要考虑合乎规矩法度，成为人民的楷模。如果君王能够像这样来统领人民，管理人民，那么人民就会敬畏他，爱戴他；就会以他为榜样，仿效他，学习他。因此，就能够顺利地推行道德教育，使政令顺畅地得到贯彻执行。《诗经》里说：'善人君子，最讲礼仪；容貌举止，毫无差池。'"

纪孝行章第十

【题解】

纪孝行,纪录孝行的内容,即孝子在侍奉双亲时应当做到的具体事项,此处强调孝子的道德与品行方面的表现,比吃饱吃好的"三牲之养"更为重要,反映了儒家对思想精神的重视。

子曰:"孝子之事亲也,居则致其敬①,养则致其乐②,病则致其忧③,丧则致其哀④,祭则致其严⑤,五者备矣,然后能事亲。事亲者,居上不骄,为下不乱,在丑不争⑥。居上而骄则亡,为下而乱则刑,在丑而争则兵。三者不除,虽日用三牲之养⑦,犹为不孝也⑧。"

【注释】

①居:平日家居。致:尽。孔传:"谓虔恭朝夕,尽其欢爱。"

②养:奉养,赡养。乐:欢乐。孔传:"和颜说(悦)色,致养父母。"郑注:"若进饮食之时,怡颜悦色。"

③致其忧:充分地表现出忧伤焦虑的心情。孔传:"父母有疾,忧心惨悴,卜祷尝药,食从病者,衣冠不解,行不正履,所谓致其忧也。"郑注:"若亲之有疾,则冠者不栉,怒不至詈,尽其忧谨之心。"明黄道周《孝经集传》:"父母有疾,冠者不栉,行不翔,言不惰,琴瑟不御,食肉不至变味,饮酒不至变貌,笑不至矧,怒不至詈,疾止复故。"

诸家注所举皆"致其忧"的表现，主要是子女不能有愤怒高兴的神态，不能讲究服饰打扮，不能参加娱乐活动，不注重生活享受。

④丧：指父母去世，办理丧事的时候。孔传："亲既终没，思慕号咷，斩衰（穿着丧服）歠粥，卜兆祖葬，所谓致其哀也。"郑注："若亲丧亡，则攀号毁瘠（因悲哀而消瘦），终其哀情也。"

⑤祭则致其严：《礼记·祭义》说，祭祀时事死如生，"入室，僾然（微微）必有见乎其位；周还出户，肃然必有闻乎其容声；出户而听，忾然必有闻乎其叹息之声"。《玉藻》说："丧容累累（疲倦貌），色容颠颠（忧思貌），视容瞿瞿梅梅（恍惚不清貌），言容茧茧（声细气微貌）。"这些都是"致其严"的表现。

⑥在丑：指处于低贱地位的人。丑，众，卑贱之人。

⑦三牲：牛、羊、豕。旧俗一牛、一羊、一豕称为"太牢"，是最高等级的宴会或祭祀的标准。说每天杀牛、羊、豕三牲来奉养父母，这是极而言之的说法。

⑧犹为不孝也：如果不能去除前面所说的三种行为："居上而骄""为下而乱""在丑而争"，那么都将造成生命危险，使父母忧虑担心，因此，这样的人就不能算作孝子。

【译文】

孔子说："孝子奉事双亲，日常家居，要充分地表达出对父母的恭敬；供奉饮食，要充分地表达出照顾父母的快乐；父母生病时，要充分地表达出对父母健康的忧虑关切；父母去世时，要充分地表达出悲伤哀痛；祭祀的时候，要充分地表达出敬仰肃穆，这五个方面都能做齐全了，才算是能奉事双亲尽孝道。奉事双亲，身居高位，不骄傲恣肆；为人臣下，不犯上作乱；地位卑贱，不相互争斗。身居高位而骄傲恣肆，就会灭亡；为人臣下而犯上作乱，就会受到刑戮；地位卑贱而争斗不休，就会动用兵器，相互残杀。如果这三种行为不能去除，虽然天天用备有牛、羊、猪三牲的美味佳肴奉养双亲，那也不能算是行孝啊！"

五刑章第十一

【题解】

　　五刑，指墨、劓（yì）、剕（fèi）、宫、大辟五种刑罚，见《尚书·吕刑》。墨，在额上刺字后，涂上墨色的刑罚。劓，割掉鼻子的刑罚。剕，砍断脚的刑罚，也称为"刖（yuè）"。宫，男子割掉生殖器，女子破坏生殖器的刑罚；一说女子幽闭，囚于宫室。大辟，死刑。

　　子曰："五刑之属三千①，而罪莫大于不孝②。要君者无上③，非圣者无法④，非孝者无亲⑤。此大乱之道也⑥。"

【注释】

①五刑之属三千：指应当处以五种刑罚的罪有三千条。《尚书·吕刑》说："墨罚之属千，劓罚之属千，剕罚之属五百，宫罚之属三百，大辟之属二百，五刑之属三千。"

②罪莫大于不孝：在应当处以五种刑罚的三千条罪行中，最严重的罪行是不孝。刘炫《孝经述议》残卷说："江左名臣袁宏、谢安、王献之、殷仲文之徒皆云：五刑之罪，可得而名，不孝之罪，不可得名，故在三千之外。"（参见邢疏）认为不孝之罪，罪大恶极，无法确定罪名，因而不包括在"三千"条罪行中。后人多不采纳此说。

③要（yāo）：以暴力要挟、威胁。无上：藐视君长，目无君长，即反

对或侵凌君长。

④非：责难反对，不以为然。无法：藐视法纪，目无法纪，即反对或破坏法纪。

⑤无亲：藐视父母，目无父母，即对父母没有亲爱之心而为非作歹。

⑥此大乱之道也：孔传："此，'无上''无法''无亲'也，言其不耻、不仁、不畏、不谊（义），为大乱之本，不可不绝也。"

【译文】

孔子说："应当处以墨、劓、剕、宫、大辟五种刑罚的罪有三千种，最严重的罪是不孝。以暴力威胁君王的人，叫做目无君王；非难、反对圣人的人，叫做目无法纪；非难、反对孝行的人，叫做目无父母。这三种人，是造成天下大乱的根源。"

广要道章第十二

【题解】

广要道，推广、阐发"要道"二字的义理，即进一步讲述为什么说"孝道"是至为重要的道德。这是儒家强调礼乐与孝道的教化作用的一贯思想。《孔传》说："孝行著而爱人之心存焉，故欲民之相亲爱，则无善于先教之以孝也。"

子曰："教民亲爱，莫善于孝①。教民礼顺，莫善于悌②。移风易俗③，莫善于乐④。安上治民，莫善于礼⑤。礼者，敬而已矣。故敬其父，则子悦；敬其兄，则弟悦；敬其君，则臣悦；敬一人⑥，而千万人悦⑦。所敬者寡，而悦者众。此之谓要道矣。"

【注释】

①"教民亲爱"二句：孔子认为，孝道就是热爱自己双亲，由此进而推及热爱别人的双亲，人民之间就能亲爱和睦。

②"教民礼顺"二句：悌，就是敬重并服从自己的兄长，由此进而推及敬重并服从所有的长上，人民之间就能有礼、讲理。

③移风易俗：改变旧的、不良的风俗习惯，树立新的、合乎礼教的风俗习惯。

④莫善于乐：儒家学者认为，音乐生于人情人性，通于伦理道德，因

此，君王可以利用音乐，转移风气，引导人民接受新的风俗习惯。《乐记·乐施章》："乐者，圣人之所乐也，而可以善民心，其感人深，其风移俗易，故先王著其教焉。"（《史记·乐书》）《白虎通·礼乐》："王者所以盛礼乐何？节文之喜怒，乐以象天，礼以法地，人无不含天地之气，有五常之性者，故乐所以荡涤，反其邪恶也；礼所以防淫佚，节其侈靡也。故《孝经》曰：安上治民，莫善于礼；移风易俗，莫善于乐。"

⑤莫善于礼：儒家学者认为，礼的作用是"正君臣父子之别，明男女长幼之序"，即维护社会固有的秩序和等级制度。《礼记·曲礼上》："道德仁义，非礼不成；教训正俗，非礼不备；分争辨讼，非礼不决；君臣上下、父子兄弟，非礼不定……"《礼运》说："是故礼者，君之大柄也……所以治政安君也。"

⑥一人：指父、兄、君，即受敬之人。

⑦千万人：指子、弟、臣。千万，只是举其大数而已。

【译文】

孔子说："教育人民相亲相爱，再没有比孝道更好的了；教育人民讲礼貌，知顺从，再没有比悌道更好的了；要改变旧习俗，树立新风尚，再没有比音乐更好的了；使国家安定，人民驯服，再没有比礼教更好的了。所谓礼教，归根结底就是一个'敬'字而已。因此，尊敬他的父亲，儿子就会高兴；尊敬他的哥哥，弟弟就会高兴；尊敬他的君王，臣子就会高兴。尊敬一个人，而千千万万的人感到高兴。所尊敬的虽然只是少数人，而感到高兴的却是许许多多的人。这就是把推行孝道称为'要道'的理由啊！"

广至德章第十三

【题解】

　　本章推广、阐发"至德"二字的义理，即进一步讲述为什么说"孝道"是至为高尚的道德的理由，讲君王能够以身作则行孝道，为天下做表率，从而使天下为人子、人臣者知道孝悌父兄、尊敬君王。

　　子曰："君子之教以孝也，非家至而日见之也①。教以孝，所以敬天下之为人父者也②；教以悌，所以敬天下之为人兄者也；教以臣，所以敬天下之为人君者也③。《诗》云：'恺悌君子，民之父母④。'非至德，其孰能顺民⑤，如此其大者乎⑥！"

【注释】

①家至：到家，即挨家挨户地走到。日见之：天天见面，指当面教人行孝。郑注："非门到户至而见之。"

②"教以孝"二句：君子以身作则行孝悌之道，为天下做人子的做了表率，使他们都知道敬重父兄。孔传："古之帝王，父事三老，兄事五更，君事皇尸，所以示子、弟、臣人之道也。""三老""五更"，是由德高望重的老人所担任的顾问职务，天子要以敬父之礼敬"三老"，以事兄之礼事"五更"，为天下做出孝悌的典范。

③"教以臣"二句：孔传说是天子在祭祀时，对"皇尸"行臣子之礼。皇，即先王。尸，是祭祀时由活人扮饰的受祭的对象。天子

　　通过祭祀行礼，做出尊敬君长、当好人臣的榜样。

④"恺悌"二句：语出《诗经·大雅·泂酌》。据说原诗是西周召康
　公为劝勉成王而作。恺悌，和乐安详，平易近人。

⑤孰：谁。

⑥如此其大者乎：本章在引《诗》句后，又有一句概括性的结语，刘
　炫《孝经述议》说："余章引《诗》，《诗》居章末，此于《诗》下复
　有此经者，《诗》美民之父母，以证君之能教耳，不得证至德之大。
　故进《诗》于上，别起叹辞，所以异于余章也。"（见《复原》）

【译文】

　　孔子说："君子以孝道教化人民，并不是要挨家挨户都走到，天天当
面去教人行孝。以孝道教育人民，使得天下做父亲的都能受到尊敬；以
悌道教育人民，使得天下做兄长的都能受到尊敬；以臣道教育人民，使
得天下做君王的都能受到尊敬。《诗经》里说：'和乐平易的君子，是人民
的父母。'如果没有至高无上的道德，有谁能够教化人民，使得人民顺
从归化，创造这样伟大的事业啊！"

广扬名章第十四

【题解】

广扬名，推广、阐发首章"立身行道，扬名后世"所说的"扬名"的义理，即进一步讲述行孝和扬名的关系，强调"移孝作忠"的理论。孔传曾说："能孝于亲，则必能忠于君矣。求忠臣必于孝子之门也。"儒家认为，"扬名后世"是"孝"的更高级的标准，它只能与忠君紧密联系才可能实现。

子曰："君子之事亲孝，故忠可移于君①；事兄悌，故顺可移于长②；居家理，故治可移于官③。是以行成于内④，而名立于后世矣⑤。"

【注释】

①"君子"二句：这是儒家学者"移孝作忠"的理论。孔传："能孝于亲，则必能忠于君矣。求忠臣必于孝子之门也。"黄道周《孝经集传》说："所谓治国在齐其家者，其家不可教而能教人者无之，故君子不出家而成教于国。"

②"事兄"二句：孔传："善事其兄，则必能顺于长也。忠出于孝，顺出于弟。"

③"居家"二句：指家务、家政管理得好，就能把管理家政的经验移于做官，管理好国政。孔传："君子之于人……内察其治家，所以

知其治官。"

④行：指孝、悌、善于理家三种优良的品行。内：家内。

⑤名立于后世：由于在家内养成了美好的品德，在外必能成为忠臣，成为驯顺可靠的部下，成为善于治理一方的行政官员，因而，就能扬名于后世。立，树立。这里指名声长远地流传。

【译文】

孔子说："君子奉事父母能尽孝道，因此能够将对父母的孝心，移作奉事君王的忠心；奉事兄长知道服从，因此能够将对兄长的服从，移作奉事官长的顺从；管理家政有条有理，因此能够把理家的经验移于做官，用于办理公务。所以，在家中养成了美好的品行道德，在外也必然会有美好的名声，美好的名声将流传百世。"

谏诤章第十五

曾子曰："若夫慈爱、恭敬、安亲、扬名①，则闻命矣。敢问子从父之令，可谓孝乎？"子曰："是何言与②！是何言与！昔者，天子有争臣七人③，虽无道，不失其天下；诸侯有争臣五人④，虽无道，不失其国；大夫有争臣三人⑤，虽无道，不失其家；士有争友，则身不离于令名⑥；父有争子，则身不陷于不义。故当不义，则子不可以不争于父；臣不可以不争于君；故当不义则争之。从父之令，又焉得为孝乎！"

【注释】

①若夫：句首语气词，用于引起下文。慈爱：指爱亲。慈，通常指上对下之爱，但也可指下对上之爱。刘炫《孝经述议》引《礼记·曲礼上》"不胜丧，乃比于不慈不孝"，《庄子·渔父》"事亲则慈孝，事君则忠贞"等，说："此等诸文，慈皆发于父母，则慈爱亦施上，非独以接下也。"（见《复原》）

②与：通"欤（yú）"，句末语气词，表感叹或疑问语气。

③天子有争臣七人：旧注说，天子的辅政大臣有三公、四辅，合在一起是七人。"三公"是太师、太傅、太保。"四辅"是前曰疑、后曰丞、左曰辅、右曰弼。争臣，敢于直言规劝的臣僚。

④诸侯有争臣五人：诸侯的辅政大臣五人，或说是三卿及内史、外史，合计五人。孔传说，五人是天子所任命的孤卿（天子派去辅佐诸侯的师、傅一类的官员）、三卿（指司马、司空、司徒）与上大夫。

⑤大夫有争臣三人：大夫的家臣，主要有三人。孔传说，三人是家相（管家）、室老（家臣之长）、侧室（家臣）。王肃说，"三人"无侧室，而有邑宰（见邢疏）。刘炫《孝经述议》说，以上"七、五、三"，都不是实数，"以其位高者易怠，务广者难周，贵者谏宜多，贱者谏宜少，父有争子，士有争友，子、友虽无定数，要以一人为率，即自下而上，稍增以二，从上而下，则如礼之隆杀，故举七、五、三耳，非立七、五、三官，使主谏诤"（见《复原》。"一人为率"，《复原》"率"误为"主"，据邢疏改）。

⑥令名：好名声。令，善，美好。

【译文】

　　曾子说："诸如爱亲、敬亲、安亲、扬名于后世等等，已听过了老师的教诲。现在我想请教的是，做儿子的能够听从父亲的命令，这可不可以称为孝呢？"孔子说："这算是什么话呢！这算是什么话呢！从前，天子身边有敢于直言劝谏的大臣七人，天子虽然无道，还是不至于失去天下；诸侯身边有敢于直言劝谏的大臣五人，诸侯虽然无道，还是不至于亡国；大夫身边有敢于直言劝谏的家臣三人，大夫虽然无道，还是不至于丢掉封邑；士身边有敢于直言劝谏的朋友，那么他就能保持美好的名声；父亲身边有敢于直言劝谏的儿子，那么他就不会陷入错误之中，干出不义的事情。所以，如果父亲有不义的行为，做儿子的不能够不去劝谏；如果君王有不义的行为，做臣僚的不能够不去劝谏；面对不义的行为，一定要劝谏。做儿子的能够听从父亲的命令，又哪里能算得上是孝呢！"

感应章第十六

【题解】

感应，互相影响，交感相应。这里指孝悌之道，可以通于天地之神，神明受到感动而降下福祐。董仲舒在《春秋繁露·五行对》中即用"木火土金水"五行模式来讲孝；东晋元帝作《孝经传》说，孝"能使甘泉自涌，邻火不焚；地出黄金，天降神女，感通之至，良有可称"。受此影响，历代孝行感动神鬼，天降灵验的迷信故事不计其数。"感应章"，古文本及石台本皆作"应感章"。

子曰："昔者，明王事父孝，故事天明[1]；事母孝，故事地察[2]；长幼顺，故上下治。天地明察，神明彰矣[3]。故虽天子，必有尊也，言有父也[4]；必有先也，言有兄也[5]。宗庙致敬，不忘亲也。修身慎行，恐辱先也。宗庙致敬，鬼神著矣[6]。孝悌之至，通于神明，光于四海[7]，无所不通。《诗》云：'自西自东，自南自北，无思不服[8]。'"

【注释】

[1]"明王"二句：明王能够孝顺地奉事父亲，也就能够虔敬地奉事天帝，祭祀天帝，天帝能够感受，能够明了孝子的敬爱之心。孔传："孝，谓立宗庙，丰祭祀也。"

[2]"事母孝"二句：明王能够孝顺地奉事母亲，也就能够虔敬地奉

事地神,祭祀地神,地神能够感受,能够清楚孝子的敬爱之心。

③"天地"二句:明王能明察天之道,明晓地之理,以奉事父母的孝顺奉事天地,天地之神也就能明察明王的孝心,充分地显现神灵,降下福祐。神明,指天地神灵。彰,显著,明显。

④"故虽"三句:天子虽然地位尊贵,但是必定还有尊于他的人,那就是他的父辈。郑注:"虽贵为天子,必有所尊,事之若父,即三老是也。"唐玄宗注:"父谓诸父。"孔传说,父是死去的父亲。参见下注。

⑤"必有"二句:天子必还有长于他的人,那就是他的兄辈。郑注:"必有所先,事之若兄,即五更是也。"唐玄宗注:"兄谓诸兄。"

⑥著:一说音 zhù,昭著之意,指神灵显著彰明。一说音 zhuó,就位、附著之意。指鬼魂归附宗庙,不为凶厉,从而祐护后人。

⑦光:通"横",充满,塞满。《礼记·祭义》:"夫孝,置之而塞乎天地,溥之而横乎四海。"《尚书·尧典》:"光被四表。"《汉书》引作"横被四表"。

⑧"自西"三句:语出《诗经·大雅·文王有声》。原诗歌颂周文王和武王显赫的武功。自西自东,自南自北,指包括了东西南北的四面八方。思,语气词。关于方位的顺序,邢疏引皇侃说云:"自言西者,此是周诗,谓化从西起,所以文王为西伯,又为西邻,自西而东灭纣。"《礼记·祭义》:"曾子曰:夫孝,置之而塞乎天地,溥之而横乎四海,施诸后世而无朝夕,推而放诸东海而准,推而放诸西海而准,推而放诸南海而准,推而放诸北海而准。《诗》云:'自西自东,自南自北,无思不服。'此之谓也。"颇疑后人据曾子放诸四海——东西南北顺序而改《诗经》。又,敦煌遗书伯3428等今文本也有作"自东自西"顺序的。

【译文】

孔子说:"从前,圣明的天子,奉事父亲非常孝顺,所以也能虔敬地奉祀天帝，而天帝也能明了他的孝敬之心；他奉事母亲非常孝顺，所以也能虔敬地奉祀地神，而地神也能洞察他的孝敬之心；他能够使长辈与晚辈的关系和顺融洽，所以上上下下太平无事。天地之神明察天子的孝行，就会显现神灵，降下福祐。虽然天子地位尊贵，但是必定还有尊于他的人，那就是他的父辈；必定还有长于他的人，那就是他的兄辈。在宗庙举行祭祀，充分地表达对先祖的崇高敬意，这是表示永不忘记先人的恩情。重视修养道德，行为谨慎小心，这是害怕自己出现过错，玷辱先祖的荣誉。在宗庙祭祀时充分地表达出对先人的至诚的敬意，先祖的灵魂就会来到庙堂，享用祭奠，显灵赐福。真正能够把孝敬父母、顺从兄长之道做得尽善尽美，就会感动天地之神；这伟大的孝道，将充塞于天下，磅礴于四海，没有任何一个地方它不能达到，没有任何一个问题它不能解决。《诗经》里说：‘从西、从东、从南、从北，东南西北，四面八方，没有人不肯归顺、服从。’”

事君章第十七

【题解】

君，君主。这一章是讲孝子在朝廷奉事君主时应有的表现。《孝经》论孝，核心却是以孝劝忠，以孝治天下，本章置于《丧亲章》前为压卷之章。《三国志》记载，孙权让严峻背小时候念过的书，严峻背起《孝经》"仲尼居"来，张昭骂他是"鄙生"，说道："臣请为陛下诵之。"他诵的是"君子之事上"。结果，在场的大臣们"咸以昭为知所诵"。可见《孝经》的事上忠君思想深入人心，有学者批判《孝经》乃是"变相《忠经》"，是很有道理的。

　　子曰："君子之事上也，进思尽忠①，退思补过②，将顺其美③，匡救其恶，故上下能相亲也④。《诗》云：'心乎爱矣，遐不谓矣。中心藏之，何日忘之⑤？'"

【注释】

①进：上朝见君。孔传："进见于君，则必竭其忠贞之节，以图国事，直道正辞，有犯无隐。"

②退：下朝回家。孔传："退还所职，思其事宜，献可替否，以补主过。"刘炫《孝经述议》说："炫以为尽己之忠，无事不尔，非独进见于君方始尽也；补君之过，每处皆然，非独退还其职始思补也。""施之于君则称进，内省其身则称退。尽忠者，尽己之心，以

进献于君；补过者，修己心以补君失。故以尽忠为进，补过为退耳，非谓进见与退还也。"（见《复原》）按，"进""退"对举，是一种修辞手段，不能过于死板生硬地理解它们的意义。

③将顺其美：这里是说，君王的政令、政教是正确的、美好的，那么就顺从地去执行。将，执行，实行。

④上下能相亲也：概括而言，臣能效忠于君，君能以礼待臣，君臣同心同德，就能相亲相爱。孔传："道（导）主以先王之行，拯主于无过之地，君臣并受其福，上下交和，所谓相亲。"

⑤"心乎"四句：语出《诗经·小雅·隰桑》。原诗相传是一首人民怀念有德行的君子的作品。这几句诗说，尽管心中热爱他，却因为相隔得太远，无法告诉他；只好把热爱之情藏在心中，不论何日何时都不会忘记。遐，远。

【译文】

孔子说："君子奉事君王，在朝廷之中，尽忠竭力，谋划国事；回到家里，考虑补救君王的过失。君王的政令是正确的，就遵照执行，坚决服从；君王的行为有了过错，就设法制止，加以纠正。君臣之间同心同德，所以，上上下下能够相亲相爱。《诗经》里说：'心中洋溢着热爱之情，相距太远不能倾诉。心间珍藏，心底深藏，无论何时，永远不忘！'"

丧亲章第十八

【题解】

丧亲，指父母亡殁。这一章讲父母去世，孝子办理丧事和祭祀时应有的表现。此章内容只是孝子料理丧事的一些原则和纲要，具体的礼节可参看《仪礼》《礼记》的相关内容。

　　子曰：孝子之丧亲也，哭不偯^①，礼无容^②，言不文^③，服美不安^④，闻乐不乐^⑤，食旨不甘^⑥，此哀戚之情也^⑦。三日而食，教民无以死伤生^⑧。毁不灭性^⑨，此圣人之政也。丧不过三年^⑩，示民有终也^⑪。为之棺、椁、衣、衾而举之^⑫；陈其簠、簋而哀戚之^⑬；擗踊哭泣^⑭，哀以送之^⑮；卜其宅兆^⑯，而安措之^⑰；为之宗庙，以鬼享之^⑱；春秋祭祀，以时思之。生事爱敬，死事哀戚，生民之本尽矣^⑲，死生之义备矣^⑳，孝子之事亲终矣。

【注释】

①不偯（yǐ）：是指哭的时候，哭声随气息用尽而自然停止，不能有拖腔拖调，使得尾声曲折、绵长。偯，哭的尾声迤逦委曲。按，据《礼记·间传》，哭丧者应按照与死者关系的亲疏远近，穿着斩衰等五种不同的丧服，也有不同的表现和哭法，"斩衰之哭，若往而不反；齐衰之哭，若往而反；大功之哭，三曲而偯；小功、缌麻，哀容可

也。"父母之丧,孝子服斩衰,哭的时候应"若往而不反"。孔颖达疏云:"斩衰之哭,一举而至气绝,如似气往而不却反声也。"

②礼无容:这是说丧亲时,孝子的行为举止不讲究仪容姿态。唐玄宗注说:"触地无容。"指孝子稽颡(把额头贴近地面停留一些时间)行礼时,不讲究仪容姿态。《礼记·问丧》:"稽颡触地无容,哀之至也。"容,仪态容貌。

③言不文:这是说丧亲时,孝子说话不应词藻华美,文饰其辞。文,指文辞方面的修饰,有文采。

④服美不安:孝子丧亲,穿着华美的衣裳会于心不安,因此,丧礼规定孝子要穿缞麻。服美,穿着漂亮、艳丽的衣裳。

⑤闻乐不乐:由于心中悲哀,孝子听到音乐也并不感到快乐。所以,丧礼规定,孝子在服丧期内不得演奏或欣赏音乐。前一"乐"字指音乐,后一"乐"字指快乐。

⑥食旨不甘:这是说即使有美味的食物,孝子因为哀痛也不会觉得好吃。《礼记·间传》说:"故父母之丧,既殡食粥。""既虞(下葬后)卒哭,疏食水饮,不食菜果;期(满一周年)而小祥,食菜果;又期(又满一周年)而大祥,有醯酱;中月(服丧期满之月)而禫(除去丧服前的祭祀),禫而饮醴酒。始饮酒者,先饮醴酒;始食肉者,先食干肉。"丧礼规定,服丧期间是不能吃美味食物的。旨,美味。甘,觉得好吃。

⑦哀戚:忧愁,悲哀。

⑧"三日"二句:《礼记·间传》:"斩衰三日不食。"丧礼规定,孝子三天之内不进食,三天之后即进粥食;如果悲哀过度,因为长久不吃饭而伤害了身体,也与孝道不合。

⑨毁不灭性:虽因哀痛而消瘦,但是不能瘦到露出骨头。毁,哀毁,因悲哀而损坏身体健康。《礼记·曲礼上》:"居丧之礼,毁瘠不形。"性,命。

⑩丧不过三年：孝子为父母之死服丧三年。《礼记·三年问》："三年
之丧，二十五月而毕。""孔子曰：'子生三年，然后免于父母之怀。'
夫三年之丧，天下之达丧也。"三年之丧，实际上是二十五个月；服
丧期间，孝子单独居住在服舍（服丧的庐舍）内，不能参加政治、
文化和娱乐活动。

⑪示民有终也：唐玄宗注："圣人以三年为制者，使人知有终竟之限
也。"终，指礼制上的终结。对于父母之丧，孝子虽有终身之忧，
但丧礼是有终结的。

⑫棺、椁（guǒ）：古代棺木有两重，里面的一套叫棺，外面的一套
叫椁。衣：指殓尸之衣。衾：指给死者铺、盖的被褥。据礼书，
死者的地位身份高低尊卑不同，衣、衾的多寡也不同，棺、椁的厚
薄、数量也不同。《礼记·檀弓上》："葬也者，藏也。藏也者，欲
人之弗得见也。是故衣足以饰身，棺周于衣，椁周于棺，土周于
椁。"

⑬陈其簠（fǔ）、簋（guǐ）而哀戚之：丧礼规定，从父母去世，到出
殡入葬，死者的身旁都要供奉食物，用簠、簋、鼎、笾、豆等器具
盛放，此处只举"簠、簋"为代表。簠簋，古代盛放食物的两种
器皿。

⑭擗（pǐ）踊哭泣：擗，捶胸。踊，顿足；或作"踊"。孔传："搥心
曰擗，跳曰踊，所以泄哀也。男踊女擗，哀以送之。"《礼记·问丧》：
"动尸举柩，哭踊无数。恻怛之心，痛疾之意，悲哀志懑气盛，故
袒而踊之，所以动体安心下气也。妇人不宜袒，故发胸，击心，爵
踊，殷殷田田，如坏墙然，悲哀痛疾之至也。故曰：'擗踊哭泣，哀
以送之。'"

⑮送：指出殡、送葬。《礼记·问丧》："送形而往，迎精而反也。"
把遗体送往墓地，把精魂迎回宗庙。

⑯卜其宅兆：孔传："卜其葬地，定其宅兆。兆为茔域，宅为穴。……

卜葬地者，孝子重慎，恐其下有伏石漏水，后为市朝，远防之也。"《仪礼·士丧礼》记载有"筮宅"的礼仪，命辞说："哀子某，为其父某甫筮宅，度兹幽宅，兆基无有后艰。"然后由筮者算出卦来，观看吉凶。占卦的目的主要是为了防止日后墓地发生变故，干扰死者。卜，占卜，指用占卜的办法选择墓地。宅，墓穴。兆，坟园，陵园。

⑰安措：安置，指将棺椁安放到墓穴中去。措，或作"厝"，二字可通。

⑱"为之"二句：《礼记·问丧》记载，父母安葬后，"祭之宗庙，以鬼飨（通"享"）之，徼幸复反也"。这是将死者的魂神迎回宗庙的祭祀，称之为"虞祭"。邢疏说："既葬之后，则为宗庙，以鬼神之礼享之。"孔传说，"为之宗庙，以鬼享之"，是指服丧三年期满后，"立其宗庙，用鬼礼享祀之也"。

⑲生民之本尽矣：这是说，能够做好上述事情，人民就算是尽到了根本的责任，尽到了孝道。孔传："谓立身之道，尽于孝经之谊也。"生民，人民。本，根本，指孝道。

⑳死生之义：指父母生前奉养父母，父母死后安葬、祭祀父母的义务。孔传："事死事生之谊备于是也。"

【译文】

孔子说：孝子的父母亡故了，哀痛而哭，哭得像是要断了气，不要让哭声拖腔拖调，绵延曲折；行动举止，不再讲究仪态容貌，彬彬有礼；言辞谈吐，不再考虑词藻文采；要是穿着漂亮艳丽的衣裳，会感到心中不安，因此要穿上粗麻布制作的丧服；要是听到音乐，也不会感到愉悦快乐，因此不参加任何娱乐活动；即使有美味的食物，也不会觉得可口惬意，因此不吃任何佳肴珍馐；这都是表达了对父母的悲痛哀伤的感情啊！丧礼规定，父母死后三天，孝子应当开始吃饭，这是教导人民不要因为哀悼死者而伤害了生者的健康。尽管哀伤会使孝子消瘦羸弱，但是绝不能危及孝子的性命，这就是圣人的政教。为父母服丧，不超过三年，这是为了使人民知道丧事是有终结的。父母去世之后，准备好棺、椁、衣裳、被褥，将遗体装殓好；陈设好簠、簋等器具，盛放上供献的食物，寄托哀愁与忧思；捶胸顿足，嚎啕大哭，悲痛万分地出殡送葬；占卜选择好墓穴和陵园，妥善地加以安葬；设立宗庙，让亡灵有所归依，供奉食物，让亡灵享用；春、夏、秋、冬，按照时令举行祭祀，表达哀思，追念父母。父母活着的时候，以爱敬之心奉养父母；父母去世之后，以哀痛之情料理后事，能够做到这些，人民就算尽到了孝道，完成了父母生前与死后应尽的义务，孝子奉事父母，到这里就算是结束了。